小学校国語

「書くこと」の授業づくり パーフェクトガイド

小林康宏［著］

明治図書

はじめに

子どもたちに，こう指示します。
「この間，みんなで桜ケ丘公園に行ったときの楽しかった思い出を作文に書きましょう。書き方は自由です。思い思いに書きましょう」

指示を出して５分。
すらすら鉛筆を走らせている子も数名いますが，まったく鉛筆が動かない子もいます。

そのうちに，子どもから質問が出ます。
「先生，書き始めはどうすればいいですか？」
「先生，書き方がわかりません。どうやって書けばいいですか？」
次第に教室は騒然とし始めます。

作文を書く授業で起こりがちな場面の１コマです。
子ども一人ひとりには，もって生まれた能力はありますが，能力は引き出してあげないと発揮されません。
自由に書く時間を与えるだけでは，決してクラス全員が自分の力で時間内に書くことはできないのです。
知識社会学の研究者である渡邉雅子氏は『「論理的思考」の社会的構築―フランスの思考表現スタイルと言葉の教育』（2021，岩波書店）の中で，フランスの小学校の国語の授業では「まず手本となる詩や物語を，文法を使って分析し，鑑賞した後に，児童に手本をなぞらせる」と述べています。
しかるべき型を身につけさせてから，文章を書いていくという活動の流れが見えてきます。
書く行為は，授業の中で，学習課題に対する自分の考えを書くことから，数時間かけてパンフレットをつくるという活動に至るまで，様々に行われています。

そのそれぞれについて，時間を与えるけれども，「書き方」の指導をしなければ，子どもたちは書くことができるようになりません。

一方で，適切に書き方を指導すれば，子どもたちはしっかりと書けるようになります。

また，書き方を身につけることで，次に同様の課題と出合ったときに書き方に困ることなく書いていくことができます。加えて，適切な書き方を指導された子ども一人ひとりの文章の内容は，実に個性的です。

では，どのようなときに，どのように指導したら，子どもたちに満足のいく内容を書かせることができ，書き方を身につけさせることができるのでしょうか。

本書では，１時間の授業の学習課題に対する筋道立てた意見の書き方から，日記の書き方，新聞づくり，パンフレットづくりといった数時間かけた活動に至るまで，子どもたちが，意欲をもち，書き方を理解し，円滑に書き，そして満足感を得られるような具体的な指導のアイデアを提案しています。

また，書くことを通して，読む力を高めるための指導のアイデア，書くことそのものを楽しむ指導のアイデア，タブレット端末等を活用した指導のアイデアなど，様々な視点から書く活動の提案をしています。

子どもが書くことが好きになり，書くことに自信をもち，書くことで自他を高めていける国語教室づくりのヒントになることを願っています。

最後になりましたが，明治図書出版の矢口郁雄氏には，大変お世話になりました。心よりお礼申し上げます。

2022年８月

小林康宏

目次／Contents

第1章
「書くこと」領域の授業全体に通底すること

第2章
活動別　指導のポイントと指導例

第3章
すぐに使える書く活動のアイデア

DATE　・　・

第1章
「書くこと」領域の授業全体に通底すること

1　書くことのよさは何か

(1) ザワザワした教室に安心感をもたらす

①ザワザワを落ち着かせる最も効果的な手立て

「書くこと」領域の話に入る前に，書くことそのものについてのよさを整理します。

子どもが発言したり，教師が説明したりしているときに，何となくザワザワしている。このような雰囲気になっているクラスは，お互いを大切にすることができていません。教室は，お互いの考えに学び合い，力を高め合っていく空間ですから，落ち着きがなく，他者の言葉を聞かない環境では，子どもたちの学習の質は高まりません。そんなことは教師ならだれでもわかっていますが，わかっていても，実際の教室がザワザワしてしまうのは，よくあることです。では，どのようにしたら教室が落ち着くのでしょう。実は，**そのための最も効果的な手立てが，書くこと**なのです。

②落ち着いた時間が安心をもたらす

集中して字を書いているときには，話をすることはできません。従って，子どもたちに書く活動をさせることで，教室に静寂の時間をつくることができます。子どもたちがだれ一人としてしゃべらず，互いの耳に入るのは，鉛筆の音のみの状態をつくります。友だちのおしゃべりにストレスを感じていた子は，静まり返った教室に安心します。また，いつもおしゃべりばかりしている子にとっても，このような状況は心地よいものです。書く活動は，「書くこと」領域の力を高めることの他に，**鉛筆の音しか聞こえない状態をつくり，教室に学習への集中を伴う安心感をもたらすことができる**のです。

(2) 個人で考える習慣ができる

①友だちの考えに頼る空気を消す

学習課題や，教師の発問に対して，書く活動を行わず，ペア活動，グループ活動を含めた話し合い活動を中心にして授業を進めていくと，一見，活気のある授業になります。

教師は，子どもたちの活発な意見交換に，学習に対する積極性，互いの学びの高まりをみて，満足感をもちます。

しかし，話し合いの姿をよくよく見てみると，まったく発言しない子が結構多いものです。その原因は，よく発言する子が発言してくれるから自分ががんばって意見を述べなくてもよい，課題に対する自分の考えがまとまっていないので話し合いに加われない，といったことです。これでは，話し合いに参加できる子とできない子では，力の差が大きくなるばかりです。一人ひとりの力を伸ばすには，友だちの考えに頼ってしまう空気を消す必要があります。

②自分のノートに書くのは自分の考え

友だちの考えに頼って，板書された友だちの意見をノートに書くだけの状況に陥らせないためには，学習課題や発問に対する自分の考えをまずもち，それをノートに書く習慣が必要になります。

自分の考えがあれば，ペア，グループでは自分の考えを述べることができ，自分の考えに対する反応を得ることができます。その結果，自分の考えの適切さを自分で評価することができ，友だちの考えを参考にして，自分の考えの質を高めていくことができます。

「**自分のクラスの授業では，学習課題の設定や教師からの中心的な発問の後は，必ず個人で自分の考えを書く時間がある**」というように子どもに意識づけると，課題に対して個の考えを書くことが当たり前になっていきます。

(3) 考える力を高める

①書くことは思考そのもの

2017年度版小学校学習指導要領では，「資質・能力」の育成，すなわち「できるようになる」力をつけることが標榜されています。課題を解決することができるようになるためには，どのようにしたら課題解決できるのかを考える力が必要になります。

子どもたちが個人追究でノートに考えを書く姿を見ていると，一気に考えを書く子もいますが，そうではない子も多くいます。

少し書いては止まり，また少し書いては止まりながら考えを書く子がいれば，書いたものを消しゴムで消してから改めて書く子もいます。これらの姿は，考えている姿そのものです。

書くことにより，考えを練り上げることを通して，課題を解決するための考える力を鍛えることができます。

②考え方のモデルが効果的

書きながら考えを練り上げるためには，考えるベースとなる考え方のモデルが必要になります。

書いているうちに考え方のモデルを生み出せれば，そこに乗って考えを進めればよいのですが，考え方のモデルがない場合には，思考を先に進めることができません。

そこで，**学習課題を設定した後，個人追究に入る前に，考え方のモデルの共有を図り，それを課題解決のための見通しとして位置づけます**。子どもたちは，共有した考え方のモデルを使いながら，課題解決を進めていきます。そうすることで，課題解決することはもちろんのこと，考え方のモデルを自分のものにしていくことができます。このようなことを続けていくことで，書くことが考える力を高めることにつながります。

(4) 残すことができる

①残すことで学習を重ねることができる

例えば，調べたことを報告する文章を書く場合には，調べたいことのリスト，調べたことの記録といったことが必要になります。

また，物語や説明文の読み取りでは，前回の授業で読み取った内容等がノートにきちんと書き留められていることが，今日の授業の読み取りの充実につながります。

これらのように，書いたものが手元に残っていることで，次の学習を進めていくことができます。

②残すことで伸びを自覚できる

残すことにはもう１つのよさがあります。

それは，自分の学習のよさを自覚できることです。

多くの授業では，終末に「振り返り」の時間を５分くらい取ります。そこでは，「今日の授業でわかったこと・できたこと」を子どもたちに書かせることが多いでしょう。子どもにとっては，書くことで，改めて本時の学習内容を確認することができます。その際，これまでの学習過程を振り返って，本時で得た学びを自覚し，がんばって学び得たことへの満足感をもつことができます。

また，「どう考えたらわかったか，できたか」をあわせて振り返るようにすることもあります。この振り返りは，**課題追究の際，子どもが働かせた思考についてのもの**です。

「どこに目をつけて，どう考えたらできるのか」を振り返り，教師からの価値づけがあることで，子どもは次に同様の課題があったときに本時で学んだ考え方が使えるという見通しをもちます。また，書いて残すことにより，後で見返すこともできます。

2 子どもたちはなぜ書けないのか

(1) 書こうという気持ちにならない

①書くことにはエネルギーが必要

幼児は文字を書くことに興味を強く示します。鏡文字になっていたり，大人が判読しにくい字になっていたりしても，文字に興味をもつと，多くの子は字を書きたがります。小学校に入学し，ひらがなやカタカナの書き方を教わると，子どもたちはいっそう字を書きたがります。

けれども，時が経つにつれ，教室の中には，書くことに対して苦手意識や抵抗感をもつ子が増えていきます。

それは，いったいなぜでしょうか。

授業中に自分の考えを書くことをはじめとして，書くことにはたくさんのエネルギーを使います。このエネルギーは，書いたことに対する満足感をもち，自信をつけることによりどんどんたまっていきますが，書いたことに対するプラスの評価がなく，無力感が重なることで，どんどん減っていき，書きたい内容が湧き出てこない状況を生み出します。

②書くことには書きたい気持ちを起こさせるきっかけが必要

文章を書く場合には，「書きたい！」と思わせるきっかけが必要になります。たとえ自分の文章力に自信がなくても，書く意欲や必要感があることで，人は文章を書いていきます。

反対に，「書きたい！」と思うきっかけがなければ，文章を書くことはしないでしょう。**教師の側ではねらいがあっても，子どもに目的意識がなければ，書きたい気持ちにはなりません**。

(2) 何をどうやって書いたらよいかわからない

①書くためには材料が必要

書きたい気持ちがあっても，いざ書こうとすると鉛筆がぴたっと止まってしまう子は多くいます。

こういった子が書けないのは，２つの指導が欠けているからです。１つは，材料をもたせることです。料理をしようと思ってキッチンに行っても，食材がなければ料理をすることができないのと同じです。

「材料を集めてこなくても，子どもが体験したことなら，たくさん書けるだろう」と思いますが，「昨日みんなで行った遠足について作文を書いて，保護者の方に楽しさを伝えよう」と子どもたちに投げかけると，「どんなことを書いたらよいかわからない」と言う子がいます。

そのような子には，**「どんなことをしたのか」「一番楽しかったのは何か」といった視点をもたせないと，体験したことが作文を書く材料として整理されていきません**。

②書くためには書き方が必要

意欲があっても書けない子に対して欠けている指導のもう１つは，書き方を意識させることです。

せっかく書きたいことが決まっていても，「どうやって書いたらいいかわからない」という子は多いものです。子どもの個性に応じて，自由に書くとよいと思いがちですが，大学生になっても800字の小論文を書くことができない学生もいます。そういった学生に話を聞くと，**小中学校のころに文章の書き方をきちんと習った記憶がない**という言葉が返ってきます。

自由に書かせると，表現力が豊かで書くことが好きな一部の子は積極的に活動しますが，残りの子は途方に暮れるか，自己流で思いつくままの文章になってしまいます。

3 「書くこと」領域の6つの特性

(1) 5つの言語意識が必要

①土台を整えることで充実した学習になる

書くことにより，子どもたちの学習は充実していきますが，意欲がわかず，書くことがなく，書き方がわからないことにより，書くことを敬遠する子どもは年齢を追うごとに増えてしまいます。

そのような状況に陥らず，書く活動，また，「書くこと」領域の学習を充実させていくためには，土台をしっかりとさせることが必要です。その土台となるものが **「相手意識」「目的意識」「場・状況意識」「方法意識」「評価意識」** という５つの言語意識です。

「だれのために書くのか」「相手にどうなってもらいたいのか」「書いたものをどのように読んでもらうのか」「どのような方法で書くのか」「どうなればよいのか」といった意識をはっきりさせることで，子どもたちのやる気は高まり，学習内容の充実につながります。

②特に大切にしたい２つの言語意識

５つの言語意識の中でも，単元のはじめで特に意識づけたいのが「相手意識」「目的意識」です。**子どもたちは，だれかの役に立つために行う活動は熱心に取り組みます。**

同じ遠足の作文でも，一緒に遠足に行った教師に読ませるという相手・目的意識と，保護者の方に遠足の楽しさを伝え一緒に行ったような気持ちになってほしいという相手・目的意識では，取り組み方が全然違ってきます。相手・目的意識をもつことで，必要感を覚え，意欲的に取り組むのです。

(2) 個人差が出やすい

①書くことには時間がかかる

黒板に今日の授業のめあてを板書し，「皆さん，今日のめあてを写しましょう」と指示を出します。すると，子どもたちは，教師が思っている以上の時間をかけ，めあてを視写します。また，早く書けた子と，書くのに時間がかかる子では，かなりの時間差が生じます。普段の授業でもこういったことが繰り返されるわけですので，書く活動の多い「書くこと」領域の活動では，もともとの個人差の開きは一層大きくなります。

調査活動の際に，百科事典から調べたことをノートに写す際にも，清書をする際にも，一つひとつの活動で生じる時間差は大きく，単元の後半には，クラス内で各自が行っている活動がバラバラになり，教師は個別対応でてんてこまいになってしまいがちです。

②毎時間のスタートラインをそろえる

このような状況だと，学習の質は確実に下がります。また，単元のはじめはクラス内でお互いの書いたものを読み合うといったゴールを設定していたのに，いつの間にか立ち消えになるという事態も起こり得ます。他者から好意的な評価を得ることなく，やりっぱなしになってしまうと，子どもたちに，「書くことは楽しい」という思いをもたせることは難しくなり，むしろ「書くことはつまらない」という意識をつくってしまいます。

このようにならないための鉄則は，毎時間のスタートラインをそろえることです。そのためには，**本時のゴールをだれもが到達できるレベルにして，全員がそこに到達できるような授業をすることが大切**です。本時の活動を早く終えた子には友だちのお手伝いをさせたり，読書をさせたりして時間調節をします。

そうすると，次の時間でのスタートがそろうので，焦点化した学習を行うことができます。

(3) 学習過程の積み重ねが必要

①5つのステップを確実に踏む

「書くこと」の学習過程は，大きく5つの段階からできています。

1つ目が，題材の設定，情報の収集，内容の検討という，**「材料集め」**の段階です。材料を集めたら，組み立てを考えることが必要なので，**「構成の検討」**の段階になります。構成が固まったら，自分の考えをはっきりとわかりやすく伝える考えの形成，記述，つまり**「文章化」**の段階になります。いったん文章化しても，修正する必要のある箇所は出てくるものです。そこで**「推敲」**の段階が必要になります。すべて書き終えたら，書いたものを仲間と読み合い，書いたもののよさを自覚し合う**「共有」**の段階となります。

この5つの段階を踏まえることで，確実に文章を書くことができ，また書いたものに対する満足感を得て自信をもつことができます。

どこかの段階を省いてしまうと，学習の質は高まりません。書くことにはエネルギーがいりますから，使ったエネルギーの分だけ，満足感をもたせたいものです。

②材料集めが勝負

上にあげた5つの段階の中でも，特に重要なのは，何といっても第一段階の「材料集め」です。その後の活動が充実していくか否かは，この段階にかかっています。文章がどれだけ整っていても，内容が空疎なものであれば，読み手にとって得るものは少ないでしょう。反対に，内容が豊かであれば，読み手は内容に引き込まれていきます。書く側にとっても，どれを選ぶか迷うくらいのたくさんのおもしろい材料があれば，どんどん書きたくなるでしょうし，読んでほしくなるでしょう。**材料集めの段階の学習は準備を念入りにして，たっぷりと情報を手に入れられるようにしましょう**。

(4) 相互評価が有効

①発達段階に応じた相互評価

「書くこと」の題材は，子どもによって異なることがよくあります。そのため，「読むこと」の学習での教材文の内容読解のように，1つの文章をめぐってクラス全体で意見交換するということはなかなかありません。従って，どうしても個別に学習したものを教師が個別に指導するという構図になりがちです。しかし，せっかく教室に集まり，集団で学んでいるわけですから，可能な限り，協働性を発揮した活動により，互いに高め合えるようにしたいものです。そこでよく行われるのが，ペア等での「相互評価」です。

しかし，どの学年でも同じような活動をさせるのは難しいものです。**低学年では，相手の文章でよいところを見つけさせる**ようにします。**中学年では，修正した方がよいところを見つけるまでを求めます**。そして，**高学年では，代案を示せるようにします**。ペアで行う際には，文章を書くのが得意な子と苦手な子で組むより，同じくらいの力の子同士で組んだ方が，互いに伸び合います。

②評価の観点は少なくし，修正を見届ける

相互評価のときになると，あれもこれもと評価の観点を入れる教師がいます。書くことに苦手意識をもっている子にとってはたまったものではありません。何しろ，字の丁寧さから始まり，ほとんどすべての項目で「△」などの評価をもらうわけですから。相互評価をさせる場合は，**現在行っている単元で重点を置いていることについて評価し合うことが原則**です。そうすることにより，相手の活動内容のよさを自分も取り入れたり，相手の活動を的確に評価したりすることができます。そして，アドバイスを受けたところは修正できたかを互いに確認させるとともに，**子どもに任せきりにせず，修正したものに対する肯定的評価を教師側から行うことも，学習の質を上げるために必要**です。

(5) 発表の場が必要

①子どもの伝えたい気持ちを大切に

新聞づくりをしたり，パンフレットづくりをしたりと，書く活動は時間がかかるものです。もうすぐ完成という段階になってくると，教師の意識の一部は次の単元に移行していきます。

一方，子どもは，新聞やパンフレットを一生懸命つくっています。教師が思っている以上に，自分が制作しているものに対しての思い入れは強いものです。従って，完成が近づいてきたときこそ，教師は子どもの意識に寄り添うことが必要です。子どもたちは，完成した自分の作品を友だちに読んでほしいと強く思っていますから，その気持ちを一層高めるような指導をしていくことが必要になります。教師の側のテンションが子どもたちより下がってしまうようになると，**「この活動は，教師が自分たちに新聞やパンフレットをつくらせ，評定をつけるために行っている」**と子どもに見透かされてしまいます。

②たっぷりと時間を取って互いに学び合う

全員の制作物が完成したら，互いの制作物に学び合う時間となります。そのときおすすめしないのは，自分のつくったものを声に出して読んで聞かせる活動です。そうすると，せっかくすばらしい内容のものができていても，声が小さかったりするために，友だちから適切な評価を受けることができないということがあります。

読んでもらうために書いたわけですから，発表は**「読み合わせ」**の形で行うことが望ましいのです。何時間も読み合わせをしていると飽きてしまいますが，１時間はしっかりと読み合う時間を取り，やり抜いた満足感を味わわせ，また，友だちの制作物にしっかりと学べるようにします。

(6) 具体的な内容の感想が必要

①これまでのがんばりが報われるかかわりを

「書くこと」領域での活動の際，制作物に対する反応としてよくあるのが，「字が丁寧でとても読みやすかったです」といった，内容とは関係のないものです。また「調べたことがよく伝わってきました」といった，ごく大雑把なものです。中には，「事実と思ったことをしっかり分けるといいです」といったように感想の中で書き方の評価をする子もいます。「友だちの書いたものを読んで，感想を伝えましょう」程度の指示だと，内容をしっかりと読まなくても書けるものになりがちです。それだと，苦労して書いた本人に，実に味気ない思いをさせてしまうことになります。これでは，「がんばって書いても，それに見合うだけの評価を得ることはない」といった意識を子どもに抱かせてしまうことになります。

そこで必要なのは，**具体的な内容の感想をもたせること**です。「小麦からうどんやパンだけじゃなくて，マカロニもつくられるなんて知ってびっくりした」のような具体的な内容を引用して思ったことを書かせると，調べて書いた方も張り合いがあります。

②多くの子からいろんな言葉でほめられることを大切に

書いた文章等は，できるだけ多くの子に読んでもらい，感想をもらうことが学習の満足感や自信を得るために必要です。制作物とノートを添えたものを回していき，５分などと時間を決めて読んで感想を書くようにします。

感想は，制作した子のノートに書き込んでいくようになりますが，注意点があります。それは，同じような感想が並ぶことです。感想を書かせる前に，「自分の文章に対していろんな視点から感想をもらった方がうれしいだろう」ということに気づかせ，自分が感想を書くときに，自分より前に書いてあることと重ならないように意識させます。

4 「書くこと」指導の2つのタイプ

(1) 短時間でパパッと仕上げる

①行事や学期のはじめ・おわりで

「書くこと」の活動の仕方には大きく２通りあります。１つは45分の授業で完結させるもの，もう１つは10時間などある程度の時間をかけて行うものです。

短い時間で書き上げるときの題材としては，運動会や遠足などの学校行事，１学期の目標や２学期の振り返りなど学期の節目で気持ちを整えるものが適しています。

それらが適している理由は，行事等は書きたい気持ちをもてるもの，学期の節目に書くものは書いて気持ちを整える必然性があるものだからです。また，これらは書く内容がそれぞれの子どもの体験や思いの中にあるからです。

②アウトラインを示して書きやすく

書きたい気持ちや書く必然性があり，書く中身をもっていても，それだけでは文章は書けません。**どのような流れで書くかといったアウトラインが必要**になります。

例えば，１学期の目標であれば，

①１学期の目標をズバリ一言で　②その目標にした理由
③達成のための方法　④１学期末の自分の姿の予想

といった流れを示します。こうすることでよいことが３つあります。１つは最後までしっかり書けること，２つはアウトラインに沿うことで考えを深めていけること，３つは書き方の型を獲得できることです。

(2) 長い時間をかけてつくり上げる

①教材ごとの特徴を見極めて

教科書に掲載されている教材は，たいてい長い時間をかけて完成させていく流れになっています。

どの教材も，基本的には材料を集めてから，構成を考えて，文章化して，書いたものを互いに読み合うという展開になっています。子どもたちに書く力をつけていくためには，取材から，文章を読み合うことまでの活動を体験させ，制作物を完成させることだけに教師側の意識を置かず，「教材の特徴」に意識を向けることが大切です。

「書くこと」領域の学習は，基本的に各学期に１回はあります。まず，**１学期の教材を使った学習をスタートさせる前に，２学期，３学期ではどのようなことを行うのか確認します**。取材が中心の教材もありますし，パンフレット等のスタイルに合わせて記述することが中心の教材もあります。違いを見極めたら，これから扱う教材の特徴を指導のポイントとして授業を行います。そうすることで，各教材に応じて，焦点化した力をつけることができます。

②計画を示して息切れ防止

子どもたちが「書くこと」領域の課題を意欲的に追究していくためには，前述のように，だれのために，どんな目的で書くのかということが子どもにとって明確になっていることが必要です。

けれども，そのような相手意識や目的意識がしっかりしていても，先の見通しが立たなければ，次第に意欲は低下していってしまいます。そこで，長い単元の学習を意欲的に進めていくためには，学習計画を子どもたちに示すことが必要になります。その際，取材に２時間，その後構成に１時間…というように活動内容と時間数だけ示すのではなく，**なぜその活動を行うのかという活動の意味を示しながら，計画を立てることが大切**です。

5　発達段階に応じた指導

(1) 取材と構成での違い

①材料集めでの２つの違い

国語の授業で行う活動は，１年生から６年生まで同じ場合が多くあります。例えば，運動会の思い出を作文にするという活動は，１年生から６年生まで，運動会が終わったら，記憶が薄れないうちに行います。けれども，**活動は同じでも，子どもに身につけさせたい力は発達段階によって異なります**。この違いを知っておくことによって，学年の発達段階に相応しい，焦点を絞った指導を行うことができます。

例えば，「書くこと」領域ではじめに行うことは，題材の設定，情報の収集，内容の検討といった，いわゆる材料集めですが，３年生以上では，目的をもって題材を集めます。また，集めた材料から書くことを決め出す際に，３，４年生では材料を比較したり，分類したりすること，５，６年生では分類とともに，まとめたり，結びつけたりして関係づけることを行います。

②構成のレベルは３段階

書きたい材料を整理したら構成をします。

構成は，低→中→高学年と進むにつれ，内容が大きく異なります。１，２年生では，書きたいことを時間や空間などの順序に沿って並べられることが必要になります。３，４年生になると，内容のまとまりごとに「段落」をつくること，そして筋道立てて段落を並べることが必要になります。そして，５，６年生になると，読み手にわかりやすく伝えるための文章全体を通した書く事柄の並べ方の工夫が必要になります。

(2) 記述の違いと共有の共通性

①記述のレベルも３段階

書きたいことを並べる構成とともに，書きたい事柄をメモしたものを文章化する記述の段階も，低学年から高学年に至るまで，大きく３段階になっています。

１，２年生では，言葉同士や，文同士が不自然な言葉のつながりにならずに，書きたい内容ごとにまとまって書けるようにすることが大切です。３，４年生では，自分の考えと理由や事例との関係がわかるように，つまり，どのようなことから，どのような理由で，そう考えているのかをはっきりと書けるようにすることが大切です。そして，５，６年生では，意図に応じて，簡単に書いたり，詳しく書いたりする，引用，図表，グラフを使って書いたりする，というように表現の幅が広がります。

②共有で大切なのは自信をつけること

「書くこと」領域の指導内容は，特に，構成や記述では，低中高学年を比べてみると大きな違いがありました。

一方，共有，つまりお互いの書いたものを読み合う段階では，低中高学年の指導内容に共通性がみられます。それは，**「自分の文章のよいところを見付けること」**です。この一文は，2017年度版の学習指導要領に新しく加えられたものです。

このことは２つの点で大きな意味をもっています。１つは，共有の段階での活動が「相互評価」にならずに文章の内容や表現についての「感想」を伝え合える時間になることです。一生懸命に書いた文章の内容や工夫した表現についての感想をもらえることは子どもの達成感につながります。もう１つは，自分の文章のよさを見つけることがゴールとなることで，書くことに対する自信につながるということです。

6 ICTの賢い活用法

(1) ICTを活用するメリット

①書いたり，消したりする手間がいらない

子どもたちが持っているタブレット端末等は，「書くこと」領域の授業で大いに生かすことができます。

一番のメリットはやはり，書いたり，消したりする手間がいらないことです。「書くこと」領域の活動では，記録文，報告文，意見文などの下書きを鉛筆で書いてから推敲し，改めて清書することが多くあります。子どもにとってみれば，一度書いたものをもう一度書き直すというのは，かなりのエネルギーを必要とするものです。また，書き直しのためには多くの時間も必要となります。タブレット端末等を使えば，下書きから清書に移行する際も，はじめから書き直す必要がないので，効率的に修正することができます。

②きれいな見た目で仕上げられる

タブレット端末等には，きれいに整った書体や柔らかな印象を与える書体等様々なものがあります。自分で表現したいイメージに合わせて，手軽に書体を選択し，使うことができますし，色も変えることができます。

子どもたちの様子を見ていると，最初は，内容は関係なく，楽しい書体や，目立つ色を選択して見出し等を作成していますが，慣れるにつれて，自分の意図が伝わりやすい書体や，色を選択していきます。

また，図表や写真等を文章中に貼り込む際にも，やり方さえわかれば簡単に貼りつけることができます。はさみものりもいりません。場所を修正したいと思ったら簡単に移動でき，割りつけも手軽にできます。

(2) ICT を使う際の注意点

①文字を書く練習にはならない

タブレット端末等を使いながら，「書くこと」領域の授業を展開していくことには大きなメリットがありますが，同時に注意しなければならないこともあります。

その最大は，子どもが実際に鉛筆を持ち，文字を書かないことです。特に，低学年の子どもたちにとっては，鉛筆で文字を書くことが，正しい文字の書き方を覚えたり，筆順を覚えたり，整った文字を書けるようになったりするために必要なことです。

ただ，文字を書くことは他教科でも行いますし，日常的に行われていることです。**どんなときでも，どんな場合でも，鉛筆で文字を書かなければ正しい文字習得に至らないわけではありません**。

「書くこと」領域の息の長い単元では，鉛筆で文字を書いていく活動と，端末等に入力していく活動を計画的に位置づけることが大切です。

②肖像権，著作権の侵害に気をつける

タブレット端末等のカメラの機能は大変便利です。風景や人物を撮影することもできますし，図書館にある図鑑等，文字が書かれた書籍を撮影することもできます。また，様々なウェブサイトに書かれている言葉や，写真，図，グラフ等も簡単にコピーすることができます。

けれども，他の人が撮影した写真や，他の人が書いた文章を無断転載することは著作権の侵害となります。また，撮影した写真に人物が写り込んでいた場合，無断使用すると肖像権の侵害に当たる場合があります。

便利だからこそ，**引用する作法を指導したり，撮影の許可を得るお願いの仕方を指導したりして，正しく活用できることを目指すことが必要**です。

(3) 取材段階での活用

①写真や動画で確実に記録する

例えば，自分の住んでいる地区の中で，気に入っている遊び場を紹介し合おうという単元を組んだとします。自分の家の近所にある公園を紹介したいと考えた際，子どもが作成する文章には，実際の公園の写真が載っていると，読み手はその場所がとてもイメージしやすくなります。

タブレット端末等では，文章を書く際の対象とする場所等の写真を撮り，それをワープロソフトに貼りつけることができます。

また，子どもが取材対象を写真に撮ってくることは，教師が指導するためにもとてもよいことです。子どもが撮影してきた後で何を書いたらよいか考えあぐねているようなときには，写真を子どもと一緒に見て，写っているものは何かといった写真そのものからわかることを聞いたり，なぜこの場所を撮影したのかといった写真そのものには表れていない子どもの思いを聞いたりすることができ，子どもの学習を後押しすることができます。

②たくさん撮って後で選ぶ

例えば，スーパーマーケット等に取材に行き，店内の様子についての報告文を書くといったときには，複数枚の写真が必要になります。写真を撮影するのは楽しいことなので，たくさん撮ろうとする子どもはよいのですが，文章を書くためには複数枚の写真が必要なのに１，２枚だけ撮影して満足してしまう子もいます。

タブレット端末等で撮影した写真のうち，不要なものは使わなければよく，できるだけ多くの写真を撮影しておくことが重要です。従って，取材段階で写真を撮影する活動がある場合には，できるだけ多くの写真を撮影するように指導します。ただ，同じものを同じように撮影したものが数多くあっても意味はありません。**角度を変えたり，接近したり，離れたりといった方法もあわせて指導する必要があります**。

(4) 構成・記述段階での活用

①付箋の並べ替えで構成が手軽に

取材の際に書きたいことを付箋に書いておいて，構成を考えるときに，付箋を手で動かしながら行うという活動はよく行われています。

移動したものを見て，わかりやすくなったかどうかを考えていけるので，書きたい内容を筋道立てて配列する学習には効果的です。

この活動の難点は，付箋の始末です。紛失や破損する場合があり，きれいに保管することも難しいものです。

そこで，タブレット端末等に入っている付箋に文字を入力し，それを移動するようにすることで，それらの難点は解消されます。付箋を動かすことはやり方を覚えれば難しくはないですし，タブレット端末等に保存しておけばよいので，付箋の紛失，破損の心配なく保管しておくことができます。

②書き直しながらよりよいものを

記述段階や推敲段階で，タブレット端末等は，手軽に直しながらよりわかりやすい文章をつくることができるため，大いに活躍します。助詞や助動詞などの修正にとどまらず，文と文，あるいは段落の入れ替え，途中の段落の中に一文を挿入するといったことを簡単に行うことができます。段落を変えたときに行頭に１文字分のスペースをつくるとか，読点を挿入するとか，内容が変わったところで段落を変えるといったことも簡単に行うことができます。

手書きの文章で修正すべき点が見つかった場合，消しゴムで消して書き直せばよいレベルのこともありますが，大がかりに書き直す必要があることもあります。だれでも何度も大きな書き直しをするのは嫌なものですが，タブレット端末等だと，修正を厭わずに行えます。また，文字をきれいに書くことに苦手意識がある子にとっても，タブレット端末等は味方になってくれます。

7　教科書の上手な使い方

(1)　教科書はモデル

①大事なことはすべて教科書に載っている

「書くこと」領域の教材は，大変親切につくられています。

どのような方法で取材するのかはもちろんですが，構成メモの見本が載っていたり，文章化したものの見本や，リーフレットやパンフレット等の形にまとめたものの見本も教科書に載っていることが多いです。単元を展開していくときは，これらの見本が大変役に立ちます。

子どもたちには，**まずどのように構成を組み立てたらよいか，どのように文章化したらよいかを尋ね，考えさせてから，教科書の見本を示すようにします**。そうすることで，受け身の学習に陥るのを防ぐことができます。

②題材は各学級の実態から

教科書は見本として大いに役に立ちますが，それは，構成の仕方や文章の書き方に関してです。どんなことを題材にするのかまで教科書に倣って進めることは，あまり勧められません。その理由は，**学級によって実態が異なるから**です。子どもの興味関心をもっている事柄，学級の子どもたちが今取り組んでいること，学校の立地，そういった条件から題材は考えていくべきです。教科書で，自分たちの地域のお正月の行事について調べようという単元であっても，正月に獅子舞などの伝統行事がない地域では調べられません。

題材は，子どもたちが最も興味をもち，材料を集めやすいものにして，構成や文章の書き方は教科書に倣うとよいでしょう。

(2) 学習形態に気をつける

①グループ学習の落とし穴

「書くこと」領域の活動には,「グループで新聞をつくろう」や,「グループでパンフレットをつくろう」といった教材が目立ちます。

グループ活動をすることで，書くための材料は，１人で活動するよりも多く集まります。また，割りつけを考えたり，各自が書いた記事等の適切さを相互評価したりする活動も活発に行われることが多いでしょう。

しかし，子どもたちの活動の様子を注意深く見てみると，編集会議で積極的に発言している子は４人グループの中の１人か２人だったり，記事の内容や表現について，書いた子に的確な助言をしている子がやはり１人か２人だったりすることがあります。何をどうしたらよいのかを自分で判断することができず，発言力の強い子に引っ張ってもらっている子がいるのではないでしょうか。

グループにすることで，活動としては形になり，制作物ができるところまで活動が進むことは多いでしょう。しかし，一人ひとりの子どもに力をつけることができなければ，グループ活動の意味はありません。

②個に力をつける授業を

個の力をつけるためには，例えば新聞をつくる際にも，グループではなく個人で活動させることが，切実感をもって学習できるので一番効果的でしょう。他にやってくれる人がいなければ，何とか自分の力でやり遂げるしかありません。

もし，グループで行うのであれば，メンバー構成に配慮する必要があります。**しっかりした子にまとめてもらって進めようという考え方より，できるだけ同じくらいの力の子でグルーピングする方が，個々の子どもの主体性を引き出すことができます**。

8 書く活動を「読むこと」領域で生かす

(1) 書く活動で読む力を伸ばす

①書いていないことを創造することは楽しい

「読むこと」領域の授業では，「兵十の呼びかけにぐったりと目をつぶったままうなずいたごんはどんな気持ちだったのでしょう」というように，登場人物の気持ちを教師が問い，子どもたちが考えるといった活動はとても多く行われます。

このように，考えたいことに対してダイレクトに迫っていく方法は，流れとしては自然でよいのですが，同じように気持ちを考えるのでも，ダイレクトに問うだけではなく，いろいろアプローチの方法がある方が，授業に変化が生まれ，楽しさにつながります。

物語の続き話を書いたり，説明文に書いてあることを図式化したりするなど，元の文章には書かれていないことを書くことは，子どもにとっては開放感のある楽しい活動になります。

②書いたことを基に読み取りをする

元の文章には書かれていないことを考えて書く活動は楽しいものですが，楽しいだけではなく，しっかりと国語の力がつくものにする必要があります。

そのためにまず必要なのは，**子どもたちに想像させる際に，理由と根拠をはっきりさせること**です。教材文のどこから考えたのか，どのような理由づけをして想像したのかを述べ合うことにより，お互いがどのような読み取りをしているのかが共通理解できます。そのうえで，読みの妥当性について吟味し合います。

(2) 書くことで物語文の読みを深める①

①会話文の続きを考える

物語には数多くの会話文が書かれています。会話文の続きを考えさせることで，会話文を述べているときの登場人物の気持ちを想像することができます。一番考えさせやすいのは，**登場人物の会話文の最後が「――」（ダッシュ）や「……」（リーダー）となっている箇所**です。例えば，「一つの花」では，出征するお父さんの最後の会話文「一つだけのお花，大事にするんだよう――」をはじめとして，「――」が使われている箇所が複数あります。「モチモチの木」にも豆太の会話文で「昼間だったら，見てえなぁ――」とあります。このような場合には，「――」に入る言葉は何か考えさせます。また，「――」や「……」がなくても，気持ちが直接表現として書かれていない「ごん，おまいだったのか，いつも，くりをくれたのは」のような会話文を取り上げ，「兵十は心の中で何て言っていたでしょう」という投げかけをすることで，続きを考えさせることができます。

②行動描写に会話文をつけ足す

行動描写には，登場人物の気持ちが反映されています。従って，行動描写に会話文を挿入することで，登場人物の気持ちを想像していくことができます。例えば，「お手紙」。登場人物の気持ちが書かれているところは「かなしい気分」「しあわせな気もち」といった数か所しかありません。反対に行動描写は数多くあります。「がまくんは，ベッドでお昼ねをしていました」の後に，「お昼ねをしているときに，がまくんはどんなことを心の中で言っていたでしょう」という投げかけをすると，子どもたちはがまくんの憂鬱な気持ちを代弁してくれます。「大造じいさんとガン」の「が，なんと思ったか，再びじゅうを下ろしてしまいました」の後に大造じいさんの会話文を考えると，残雪がハヤブサと対峙した場面の読みを深めることができます。

(3) 書くことで物語文の読みを深める

①「あと話」を考える

物語の中には，いわゆる「起承転結」があるものもあれば，事件の後日談など「結」に当たる「あと話」がないものもあります。

「スイミー」や「ごんぎつね」は，物語の山場で終わっていますので，「あと話」がありません。こういった物語の場合に，子どもたちに「あと話」をつくらせます。ただ，どんな話でもよいというわけではなく，物語の筋に合っていなければいけません。「スイミー」であれば，スイミーが小さな魚のきょうだいたちに言った「すばらしいものがいっぱい」や「おもしろいものがいっぱい」を根拠にして，みんなで海の中のくらげやいせえびを見て楽しく泳ぐストーリーを考えることができます。ポイントは，**その物語の世界観を壊さないこと**です。「ごんぎつね」の場合は，「しばらくしてごんは目を覚ましました」のように，ごんが生きていた話を考えた場合，「ごんぎつね」の最後のシーンの悲しい世界はどうなるか考えさせてから取り組みます。

②視点を変えて物語を書く

物語には，主人公の他に様々な人物が出てきます。例えば「海のいのち」であれば，与吉じいさ，母です。登場場面が短いと見逃しがちですが，どの人物も主人公に大きな影響を与えています。そこで，主人公以外の人物から見た物語の一部を書かせます。「海のいのち」の終末で母の登場場面があります。「母は，おだやかで満ち足りた，美しいおばあさんになった」と三人称で書かれています。ここを母の視点で，一人称で書きます。例えば，「私は，太一が，おだやかな気持ちで，無理をすることなく漁に出ているので，安心して毎日を送ることができるよ」といった考えができます。**視点人物を変え，別の人物から物語を描くことで，それぞれの登場人物の重要性を感じることができます**。

(4) 書くことで説明文の読みを深める

①文の続きを考える

説明文の文章構造を捉えるために，文章の続きを考えさせます。例えば，「どうぶつの赤ちゃん」。ライオンとしまうまについては，本教材に書かれています。副教材にはカンガルーについて書かれています。そこで，カンガルーについて書かれた文章の内容を予想するという活動を仕組み，「ライオンの赤ちゃんは，生まれたときは，子ねこぐらいの大きさです」といったところを，「カンガルーの赤ちゃんは…」という書き出しで書かせます。すると，内容は本物とはずれていても，形式は「カンガルーの赤ちゃんは，生まれたときは，○○ぐらいの大きさです」と書く子が多くいます。

そこで，理由を聞くと，ライオンの場合には，大きさのことを書いていたので，カンガルーも大きさのことが書いてあると思うという考えが出されます。説明文の学習では，内容を正しく読むことも大切ですが，説明の形を学ぶことも大切です。**続きを考えることで，子どもたちの目は，説明の形に自然に向きます**。

②文章に書かれていることをイラストにする

説明文に書かれている内容を，意味段落の構成を基にした表でまとめていくことが多くあります。けれども，文章で書かれているものを文でまとめ直すことは，子どもにとってよりよく内容を理解することにつながりにくいものです。むしろ，イラストや矢印などを使って書き換えた方が，内容がわかりやすくなります。例えば「ウナギのなぞを追って」。この文章は，ウナギの産卵場所を突き止めるために，年，場所，ウナギの大きさが具体的に書かれています。具体的に書かれているためにかえって理解しにくい文章になっています。そのため教科書でも図表を入れていますが，まず，文章だけ読ませて，自分なりにイラストに変換してみます。そうすることで，文中に書かれている事柄の関係がよく見えてきます。

9 書く活動で考える力をつける

(1) 考える力は資質・能力育成のカギ

①子どもたちに必要なのは「できるようになる」こと

国語の授業では，物語教材の内容の深い読み取りを行うことや，新聞をつくったり，見栄えのよいパンフレットをつくったりする活動が活発に行われることに教師の注意が注がれる傾向があります。深い読み取りができたり，活発な言語活動が行われたりすることはとても大切ですが，前述の通り2017年度版学習指導要領では，資質・能力の育成，つまり「できるようになる」ことを重要視しています。

そのための中核になるのが，「考える力」です。問題に対して，どうしたらできそうかということを考え，見通しをもって活動することで，「できるようになる」ことが実現されていきます。落ち着いて取り組む書く活動は，考える力を伸ばすための有効な活動です。

②書くことで思考を視覚化する

例えば，「比較」という考えの筋道は，文章をつくるよりも，イメージとして描く方がすっきりと定着しやすいものです。

思考の流れを頭の中に描くことそのものが考える活動となります。しかし，「『比較』をイメージしましょう」と投げかけるだけでは，子どもはなかなか思い浮かべることができません。

そこで必要となるのが，思考の視覚化です。読み取りたい内容や分析したい対象に関して，マップ等をつくってみることによって頭の中が整理され，考える力が身についていきます。

(2) 書くことで「比較」思考を伸ばす

①比較することで対象の特徴が見える

比べることで，対象の特徴は際立ちます。

例えば，夏休みに遊びに行くなら「海」か「山」のどちらかを考えるとき，比べることによって，それぞれのよさが見えてきます。そのときに注意しなければならない点があります。それは，**比べるための「観点」をはっきりさせること**です。観点を決めて比較することで，「なんとなく海の方がいい」といったぼんやりとした感覚的な判断が客観性を帯び，確かな判断をすることにつながります。

また，自分とは異なる意見に対して，相手の観点を知ることで，納得できるということもあります。さらに，比較思考は，文章を書くときだけではなく，物語文を読むときにも大切なものになります。例えば，「一つの花」。冒頭と終末で，情景描写等の対応が見られます。観点を「食べ物の種類」と決めると，冒頭では「おにぎり」，終末では「お肉とお魚」が取り出せます。両者を比較することで，登場人物の置かれた状況の変化がよくわかります。

②比較マップを使って思考を視覚化する

比較思考を視覚化するために，下のようなマップを使います。

一番上にテーマを書き，観点に沿ってそれぞれの対象の様子を書き出します。そのうえで，理由づけをして結論をつくります。理由づけをするときには書き出した対象の様子をそのまま理由にするのではなく「気持ちがいいので」のように考えたことを書きます。

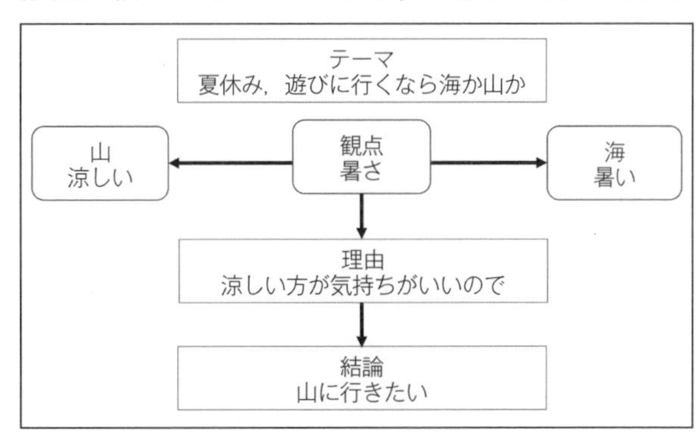

(3) 書くことで「具体—抽象」思考を伸ばす

①具体と抽象の行き来で説明上手に

具体と抽象，つまり，詳しいこととまとめたことは，物事をわかりやすく説明するためにとても大切な思考です。

例えば，物語のあらすじの基本の形を説明する際，「『○○が…によって□□になった』というようにまとめましょう」と子どもに伝えるとき，「例えば，『がまくんが手紙を出したかえるくんによって元気になった』というようにまとめましょう」と具体を示すと，骨組みだけ示されても理解できなかった子も，あらすじのイメージをしっかりもつことができます。

具体と抽象の思考は，自分が説明するときにも，相手に伝えたいことをしっかりわかってもらうために有効ですが，説明文を読むときにも使います。

説明文は，基本的に具体的な内容を抽象化し，また具体化することの連続です。説明文の内容を，対応している事柄同士，具体と抽象に整理することで，内容の理解が進みます。

②具体—抽象マップを使って思考を視覚化する

具体—抽象の関係を整理するには，具体—抽象マップを使います。

例えば，「すがたを変える大豆」に書かれている内容の一部をまとめると，右図のようになります。

こうすることで，説明文に書かれている内容が，具体と抽象の関係になっているということばかりでなく，書かれていることの階層についても視覚的に理解することができます。

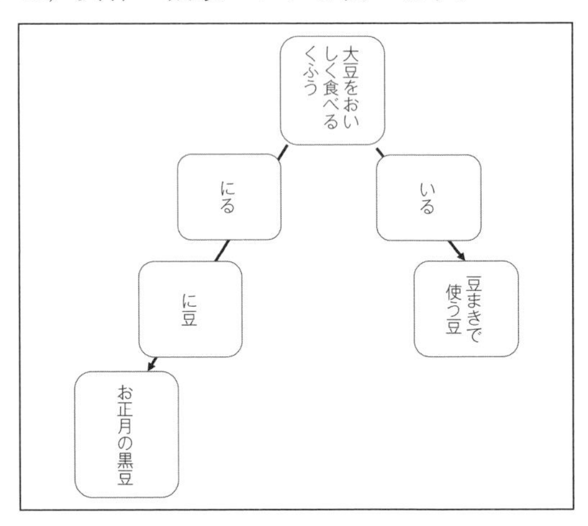

(4) 書くことで理由づけする力を伸ばす

①因果マップで原因を整理

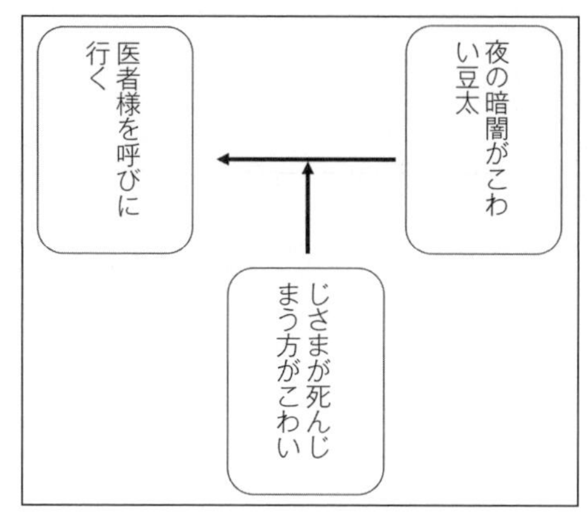

多くの物語文には「原因と結果」が描かれています。「モチモチの木」では，夜の暗闇が怖かった豆太が，腹痛を起こしたじさまが死んじまう方が怖いという思いが原因になって，医者様を呼びに行くという行為につながっています。物語文では，言動の原因，「なぜ」を考えていくことが，教材のテーマに迫る大きな手立てですが，右のような因果マップをつくることによって，**変化の前と変化の原因，変化の結果を整理することができます**。また。説明文でも因果関係が書かれているものが多くありますが，そこでも因果マップは効果的です。

②根拠―理由―主張マップで説得力アップ

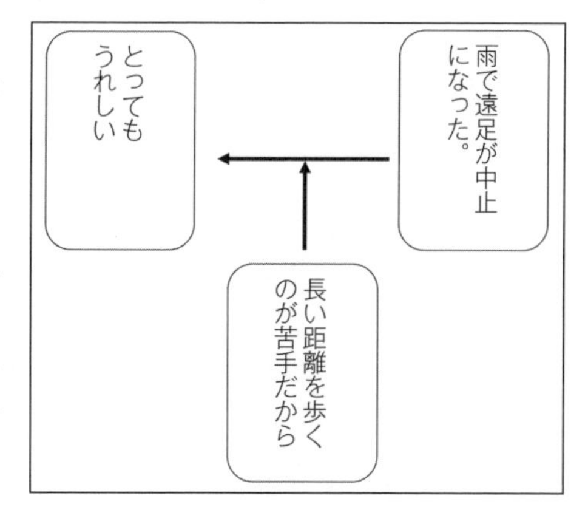

因果マップと形状は同じですが，機能が異なります。一番右の項目が因果マップでは「原因」になっていますが，ここでは「根拠」になっています。**「何を基にして」「どうして」「そう考える」**のか，という3つの要素がはっきりするので，自分の考えをわかりやすく伝えることができます。物語の読み取りや，作文において汎用性が高いマップです。

10 視写・聴写で書く力をつける

(1) 視写で書く力をつける

①たくさん書けることが満足感に

子どもたちは，本来文字や絵をかくことそのものが好きです。しかし，課題の難度が高く，書こうと思っても書けないことが重なると，書くことに苦手意識をもっていってしまいます。そうならないためには，子どもたちが書く内容をもっていることが第一です。「視写」での書く内容は，教科書等に書かれています。従って，時間を決めて視写に取り組むと，ある程度の内容がノートに書かれます。まず，このこと自体が子どもたちに満足感を与え，書くことに対しての積極性をもたらします。また，子どもたちが集中して視写をしている間，教室には鉛筆の音しか聞こえません。**みんなでつくった静謐な時間の居心地のよさを意識させることは，落ち着いた教室，授業をつくるためにも大切なこと**です。

②丁寧に，正確に，速く書く力を

何のために視写を行うのかをはっきりさせることで，子どもたちは活動の意味を理解して，積極的に取り組みます。「３分でできるだけ多く書いて，速く書く力をつける」「教材文の好きなところを視写して，隣の子と紹介し合う」など，目的を共有することがまず必要です。中でも，「丁寧さ」「正確さ」「速さ」を育てていくために，視写は好適です。「今日は一文字も間違えないで写しましょう」など，重点を１つ決めて視写させるとともに，隣同士などで確認して，よさを認め合う活動を入れることが，つけたい力の確実な定着のために必要です。

(2) 聴写で書く力をつける

①集中して聞く力をつける

視写は，目からの情報を正しく読み取ることに集中しますが，設定時間はあるにせよ，活動は視写する側のペースに委ねられています。

一方で聴写は，話し手による耳からの情報を正確に聞き取ることに集中する必要があります。活動は話し手のペースに委ねられています。従って，聴写は，視写以上に活動に集中して取り組む必要があります。

４月，学級がスタートすると，子どもたちの多くは自分の考えを伝えたいという気持ちで授業に参加します。そのため，他の子の話をしっかりと聞き取らずに発言する，不規則発言が多発する，私語が絶え間なく続く，といった状況に陥ることもあります。

そうならないためには，**「人の話を正確に聞き取ることは，自分にとって大きな利益をもたらす」ということを子どもに自覚させる必要があります**。例えば，「明日の学習内容や宿題の内容を聞き取る」といった，子どもにとって必要不可欠な情報を聴写する課題を設定することで，集中して聞くことの大切さを実感させることができます。

なお，同じ内容を何回も話して聴写させるよりも，話す回数を宣言して取り組ませる方が効果的です。

②考えて書く力をつける

聴写のもつもう１つの重要な側面は，聞き取った情報を自分でアレンジして書くことができるということです。

長い内容のものは，一字一句文字に起こしていたのでは，到底間に合いません。単語で書いたり，矢印を使ったりして短くまとめる工夫が必要になります。このことが，話の内容を，筋道を立てて整理して考える力を鍛えることにつながっていきます。こういった力は，例えば社会科見学に行って，見学地で働く方の話を聞き取ったりする際に大いに役に立ちます。

視写や聴写は，国語の授業であまり積極的に行われている活動ではありませんが，計画的に行うと確実に力がつき，落ち着いたクラスづくりにも貢献します。

DATE　・　・

第2章
活動別
指導のポイントと指導例

1 「観察記録」の指導のポイントと指導例

指導のポイント

(1) 育てているものへの愛着をもたせる

観察記録は，生活科で育てている，１年生であればアサガオ，２年生であればミニトマトを対象にして書くことが多いでしょう。

子どもが，自分で育てている対象について書いて残したいと思うためには，自分が育てている対象についての愛着をたっぷりともたせるような支援をすることがまず必要になります。加えて，自分が育てている対象に対する思い入れが強いほど，細かく観察したいという意欲につながります。

育てている対象に名前をつけることも，対象に対する愛着をもたせるためには効果的です。

(2) 観察する観点をはっきりさせる

例えば，育てているミニトマトについて，その子らしく自由な観察記録を書かせようと思い，「自由に観察して，気づいたことを書きましょう」と子どもに指示をすると，順調に書ける子は少ないものです。

なぜかというと，どこに着目して書いたらよいのかという，観察の「観点」が子どもの中にないからです。

まず，子どもたちに，例えば大事なミニトマトが成長していく様子を記録に残すことを呼びかけ，活動への意欲をもたせます。そして，成長を記録するためには，どのような観点で観察すればよいのかを考えさせます。そうして，背の高さ，花の形や数，茎や葉の色，実がついていれば実の形や数などの具体的な観点をもたせて観察させます。

(3) 正確に書き留める

観察記録をつけていくうえで中心になる意識は，正確さです。そのために2つの活動があります。

1つは，絵をかくことです。観察するための観点に沿って，スケッチをします。スケッチすることにより，花の形や数，色などを正確に捉える必要が生じます。

もう1つは，相互評価です。自分が記録したものと対象を隣の子などに見せて，正確に記録できているかチェックし合います。

(4) 伝わりやすい順序を考える

記録したものを，わかりやすくまとめるためには，記録した内容をどのような順序で並べるかといったことが重要になります。

基本的に，抽象的な観点から具体的な観点へ，根元から茎の先端へといった順序を意識して書かせます。観察記録の内容を毎回同じ順序で書いていくことにより，読み返してみたときに，対象が成長していく様子を理解することができます。

どのような順序で書いていくとわかりやすいか，いくつかのパターンを比較して考えさせ，しっかりと理解させます。

(5) 続けてよかったという実感をもたせる

観察記録では，愛着のある対象について記録したものを，実際に見ることのできない保護者に読んでもらうという設定をして，意欲を高めることもあります。

しかし，基本的には自分が記録したものを読むのは主に自分です。その際，学習への動機づけを高めるには対象への愛着をもたせることですが，活動への満足感をもたせるためには，継続的な取組にすることが効果的です。定期的に観察記録をつけていき，読み返すことが大切になります。

指導例

(1) 育てているものへの愛着をもたせる

①育てるものへの責任をもたせる

観察記録を含めた「記録」を書く言語活動に関して，学習指導要領の解説では，次のように述べられています。

> 記録とは，事実や事柄，経験したことや見聞きしたことなどについて，メモを取ったり，文章として正確に書き残したりすることである。

このことから，記録する際に大切なことは，「正確性」であることがわかります。しかし，子どもたちが正確に記録しようと思うようにするためには，まず対象に対しての意識を高めておく必要があります。そのために，特に低学年の子どもにとって必要なことは，記録対象に対する愛着をもたせることです。愛着をもたせるために大切なことは，記録対象を自分が育てている植物等にして，かかわる時間を多く取り，その世話に責任をもたせることです。毎日一度は水やりなどを行う時間を取り，継続的に世話をすることで，対象を大切に思う気持ちは育っていきます。また，教科書によっては観察対象を子どもの自由にしているものがありますが，ミニトマトやアサガオなど学級で統一した方が，細やかに指導・支援することができます。

②育てている姿を価値づける

子どもたちに植物の世話をやらせっぱなしにすると，意欲が減衰していく子が出始めます。そこで，休み時間などにもこまめに世話をしている姿を捉えて，全体に紹介したり，大きく育てられている子にどんなかかわりをしているのかを紹介させたりします。そうすることで，こまめに，工夫して育てようという気持ちがクラスに広がります。

(2) 観察する観点をはっきりさせる

①子どもたちから観点を引き出す

観察記録を書く場合には，対象のどこを見るのかという観点が必要になります。しかし，設定した観点について子どもが関心をもたなければ意味がありません。

関心をもたせるためには，観察記録を書く目的をもたせた後で，子どもたちから観点を引き出すことがまず大切になります。

以下，ミニトマトの観察記録を書く場合を例にとり，説明します。各自が育てているミニトマトの鉢を机の上に置かせ，成長していく様子を観察して記録するためにはどんなところに目をつければよいのかを尋ねます。子どもたちからは，背の高さや実の色や数，ミニトマトの味など様々な観点が出されます。観点を設定する時期が，まだ花が咲いていない苗のような状態でもミニトマトという野菜を育てていれば，例えば，実の数や色といった，これから先の様子は思い浮かびます。しかし，花の色や形といったことまでは思いが及ばない場合もあるでしょう。そのような場合には，思いが及ばないことについてはこの段階で観点を設定せずに，変化が表れたその時々の気づきを大切にして，その都度観点を増やしていくと，子どもにとって発見の喜びにつながります。

②モデルを使って学習方法を共有する

どこに目をつければよいのかを出し合ったからといって，子どもたちはすぐに観察できるわけではありません。

やはり練習が必要になります。そのためには，例えば教師もミニトマトを育てておき，それを使ってモデル学習をすることが効果的です。「先生のミニトマトの背の高さはどのくらいでしょう」などと尋ね，子どもたちの気づきを引き出し，各自の活動のイメージをもたせます。

(3) 正確に書き留める

①観点に沿って書けるワークシートを用意する

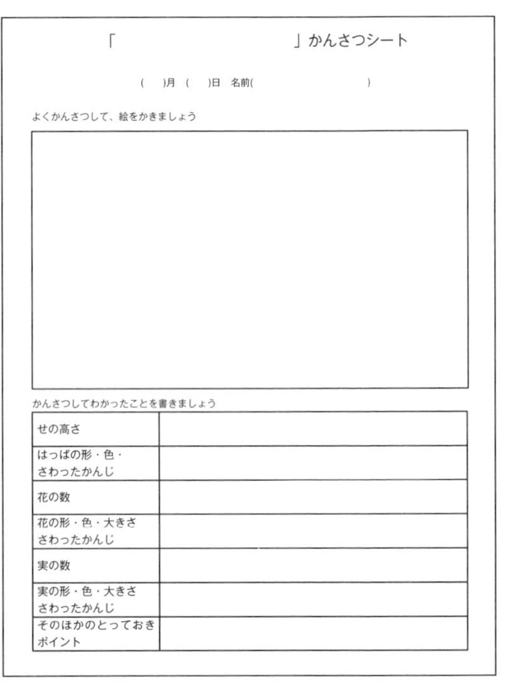

「　　　　　　」かんさつシート

(　)月 (　)日　名前(　　　　　　)

よくかんさつして、絵をかきましょう

かんさつしてわかったことを書きましょう

せの高さ	
はっぱの形・色・ さわったかんじ	
花の数	
花の形・色・大きさ さわったかんじ	
実の数	
実の形・色・大きさ さわったかんじ	
そのほかのとっておき ポイント	

観察を進めるときに，絵をかくことで，楽しみながら，正確に観察することができます。

ただし，スケッチするだけではなく，実際のデータを記録しておくことが，本当に正確な記録を取るためには必要です。

背の高さのように記録を取るたびに変化するものと，葉の形のようにあまり変化しないものがあります。あまり変化しないものについては，まとめて１項目にして，毎回の観察では，その中で変化したものについて書くようにします。また，葉の形など，説明しにくいものについては，「〇〇のような形」というように，比喩を使って書くように指導します。「そのほかのとっておきポイント」の項目をつくると，子どもたちは自分だけの発見をすることを目指して，よりいっそう丁寧に観察をします。

②正確性を確かめる

正確性を確かめる際の相互評価をクイズ形式にすることで，楽しみながら正確性のチェックをすることができます。観察した子が「花の数はいくつでしょう」と聞き，相手の子が数えることで，ワークシートに書いたものが正しいかを楽しく確かめ合うことができます。

(4) 伝わりやすい順序を考える

①順序の学習の大切さ

学習指導要領の「書くこと」領域の指導事項には，以下の記載があります。

> イ　自分の思いや考えが明確になるように，事柄の順序に沿って簡単な構成を考えること。

取材して集めてきたものを，順序に沿って配列することは，観察記録を書く言語活動を通して子どもたちにつけていく力の中心です。

気づいたことを思いつくままに書くと，話題が拡散的になり，内容が伝わりにくくなります。どのような順序で書くと伝えたいことが伝わりやすいのかを考えて書くということの積み重ねが，筋道立てた思考を身につけていくためにも大変効果的です。

②子どもに順序を考えさせる

子どもが，わかりやすい順序で構成をする力をつけていくためには，大きく２つの指導の仕方があります。１つは「下から順番に書くとわかりやすいですよ」というように教師が教える方法です。もう１つは，どんな順序で書くとよいか子どもたちから意見を出させてまとめていく方法です。

どちらの方が子どもたちの取組につながるかと言えば，やはり，子どもたちから意見を出させてまとめていくものです。低学年の子は教師の指導したことを忠実に実行していこうという傾向が強いのですが，実際にやってみると難度が高くできないということがあります。どんな並べ方がよいか，自分で考えてみることで，自分の状態に合った，無理のない方法を考えることができます。

③わかりやすさを比較させる

取材したものをどのような順序で並べるとわかりやすいかについて，子どもたちからは「下にあるものから上にあるもの」という順序，反対に「上にあるものから下にあるもの」という順序，「はじめに大まかなことを書いて，詳しくしていく順序」「おもしろいなと思ったものをはじめに書いて，その後は下にあるものから上にあるもの」など，様々なアイデアが出ます。自分の大切に育てているものの姿を伝えるための，自分なりの意図がはっきりしていることが重要になります。ただし，話があちこちにいってしまうことは避けたいものです。

そこで，わかりやすい組み立てとわかりにくい組み立てを示して，どちらがよいかを考えさせます。こうすることで，話があちこちにいかないようにすることのよさを学ぶことができるとともに，わかりやすさを判断する理由づけとして，わかりやすい組み立てはどのように並んでいるかを見極めるための思考も働かせることができます。

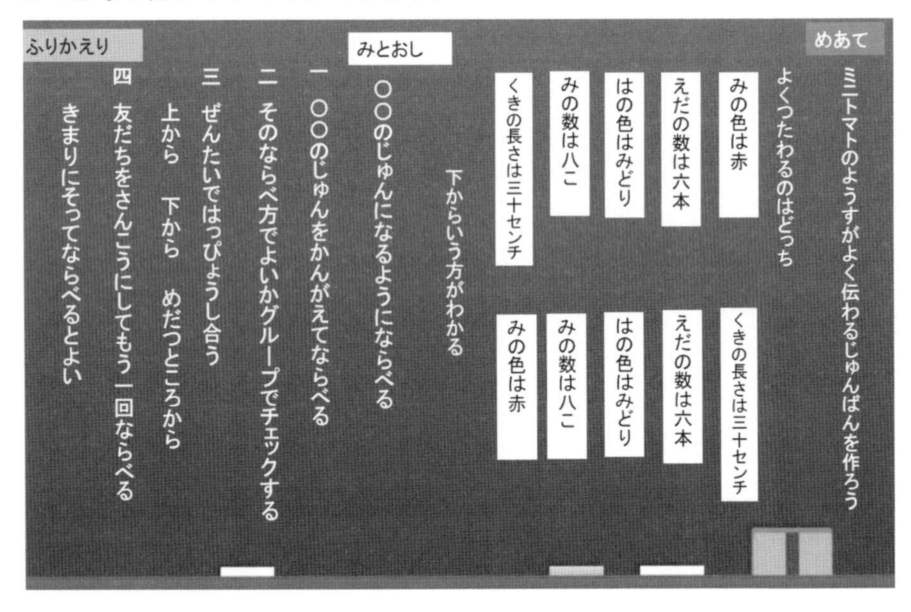

(5) 続けてよかったという実感をもたせる

①読み返す機会を取る

観察記録は，１回でおしまいにしてしまうのではなく，続けることが必要です。これは，出来事の報告のような一過性の活動との大きな違いです。

続けて観察記録を取っていく中で，変化するものへの気づきが生まれ，なぜ変化したのかを分析するという活動につながっていきます。このようなときに，正確に，客観的に記録することのよさが感じられます。

しかし，もっと素朴に，続けて観察記録を書いてよかったということを実感させることもできます。それは，自分で育ててきた対象が枯れたりして，育てる活動を終了するときに観察記録を読み返すことです。

子どもは，例えばミニトマトを，愛着をもって苗から育てていきます。秋になり，枯れてしまうことにより，寂しい気持ちにもなります。しかし，書き溜めてきた観察記録には，そのミニトマトが苗のときから，少しずつ生長し，花を咲かせ，実をつけていくことが記されています。観察記録を読むことで，実際には枯れてしまったミニトマトでも，記録からは生き生きとしている姿が伝わってきます。子どもたちは大切なミニトマトの記録をこつこつと取ってきてよかったと感じるはずです。

②同じ順序で書く

枯れてしまった後だけではなく，ミニトマトが成長していく折に触れ，子どもたちは記録を読み返し，変化を感じていきます。

記録を読み返す際には，書き方がそろっていることが肝心です。例えば，下から上へという順序で統一されていれば，生長の様子はとてもつかみやすくなります。

長期間にわたって継続して記録を取っていくことのよさを実感できるようにするために，記述の順序をそろえることは大切なポイントです。

2 「報告文」の指導のポイントと指導例

指導のポイント

(1) 動機と完成イメージをもつ

観察記録は主に自分のために書くものですが，報告文は伝える相手がいるものです。また，相手にどうなってほしいのかという目的をもつ必要もあります。これらの相手意識と目的意識をもつことによって，子どもは，がんばって調べて伝えようという気持ちになります。そして目的を達成するためにはどのようなものを書く必要があるかをはっきりさせることによって，学習への意識が焦点化されます。

(2) 何に目をつけて取材するのかを詳しくする

例えば，社会科見学で行く消防署について，見学に行っていない保護者に詳しく知らせて，見学に行った気持ちになってもらおうという相手意識，目的意識を設定したとします。

このままの状態で見学をさせると保護者に「詳しく知らせる」ことはまず不可能でしょう。子どもたちには，どのようなところに着目するとよいのかの具体的なイメージがないために，何についてメモをとったらよいのかが共有されていません。

そうなると，自分で観点を設定して注意深く対象を見ることができる子どもは充実したメモをとることができますが，一方で，自分で観点を設定することができない子どもは，多くの情報がある中でも，ほとんどメモをとることがなく見学を終えてしまうようになります。従って，できるだけ具体的な見学の観点をもたせることが必要になります。

(3) どうやって調べるのかをはっきりさせる

何に着目して調べるのかが決まったら，どうやって調べるのかをはっきりさせることが必要になります。

消防署の見学について考えると，例えば，消防車についている道具には何があるのかということに着目したら，消防車をよく見ることがまず必要になります。一方，消防隊員が素早く出動するために心がけていることを知りたいのであれば，消防隊員の方の緊急時の出動に関する説明を注意深く聞くことが必要となります。調べ方をはっきりさせることで，見たり，聞いたりすることへの集中度合いが高まります。

(4) 筋道立てた組み立てをつくる

学習指導要領との関係から言えば，報告文を書くうえでポイントとなる活動の１つは組み立てをつくる場面です。

基本的に，報告文は「調べた目的や理由→調べる方法→調べてわかったこと→考察」といった流れになります。この流れは，高学年になっても，中学生になっても変わりません。従って，この段階での学習は丁寧に進め，確実に，組み立ての型を理解させる必要があります。

(5) 事実と考えを分ける

一般的に，報告の大切な役割は，まずは，客観的な事実を正確に相手に伝えることです。

子どもたちが書く報告文も同様です。

「調べてわかったこと」に，書いた人の思ったことや考えたことが混ざってしまうと，報告の客観性が損なわれます。

同様に，調べたことなのか，思ったことや考えたことなのかが判別しにくい文も読み手を戸惑わせてしまいます。事実と考えを分けられるよう指導します。

指導例

(1) 動機と完成イメージをもつ

①だれに，どうなってほしいのかをはっきりさせる

報告文は，学習指導要領の解説で，次のように定義づけられています。

> 報告とは，見たことや聞いたことなどの事実や出来事を伝えることである。

ここから，報告文を書くことは，「伝える」ことが目的ということがわかります。

「伝える」行為は伝えるための相手を必要とします。この場合の相手は，特に低学年や中学年の場合には，報告文を地域の図書館や公民館に置いてもらい，来館した方に読んでもらうといった不特定多数の相手を設定するよりも，同じクラス内の仲間，保護者などの家族といった身近な相手の方が適しています。身近な人に報告文を読んでもらうことにより，子どもは自分の文章に対する感想を直接聞くことができます。すると，子どもは自分が書いた文章のよさを実感し，満足感や次への意欲につながります。

また，相手に報告する際には，相手がどのような状態になってほしいのかもはっきりさせる必要があります。そのことにより，調べる内容も変わってきます。例えば，スーパーマーケットで働く人の気持ちを知ってほしいのであれば，店員さんへのインタビューが大切になりますし，スーパーマーケットで売られている商品の傾向について知ってほしいのであれば，陳列されている様子を詳しく見る必要があります。

②子どもが調べたい気持ちになるものを

書くことにはエネルギーを多く使います。従って，書こうという気持ちに

ならない対象について調べて報告するという活動を設定してしまうと，子どもの意欲は高まらず，単元がとても重たいものになってしまいます。そこで絡めたいものが学校行事です。中でも，スーパーマーケットや，公共施設等の見学を行う社会科見学での見学場所に関して調べて報告する活動は，子どもの意欲を引き出すとともに，必要感ももたせることができます。

社会科見学に行っていない保護者の方に，見学場所について報告文を書いて詳しく知らせ，行った気持ちになってもらおうといった，単元を通した学習課題を設定することで，子どもたちの取組は意欲的になります。

③どのようなものができればよいのかをはっきりさせる

単元を通した学習課題を設定した段階で，子どもたちの頭の中に描く報告文のイメージは様々です。イメージがもてず，そのうち先生が教えてくれるだろうと思う子も多くいます。この後の調査活動を主体的に行っていくためには，期待される完成イメージを単元の導入段階で共有することが効果的です。

教師が思ったように活動が展開していかないことはよくありますが，その大きな原因の１つが，教師側ではクリアになっているイメージが，子どもにとってはブラインドになっていることです。教師と子どもとの間で，活動に対する認識が異なっていれば，食い違いが出てしまうのは当然です。

従って，教師が作成したもの，あるいは，かつて受け持った子どもが作成したものなどを示して，完成イメージを共有し，ゴールまでの見通しをもたせます。

その際，完成した報告文はどのような構成になっているかに着目させると，これから報告文をつくる中で，自分がやるべきことが見えてきます。なお，見本とする報告文は，子どもたちができそうな範囲で質の高いものにすることが望ましいです。「先生や先輩よりもいいものをつくるんだよ」と言うと，子どもたちは「えーっ！」と言いますが，内心はやる気に満ちていることが多いものです。

(2) 何に目をつけて取材するのかを詳しくする

①取材先についての情報を知らせる

社会科見学で行く場所を知らせた後の階段で，どんなことを知りたいのか書き出してみるよう子どもに指示すると，ほとんど書くことはできません。

社会科見学で行く場所について，子どもたちがあらかじめもっている情報は非常に少ないものです。何があるかよくわからない段階で，何について調べたいのかを聞かれても答えられません。

社会科の授業でも，スーパーマーケットや清掃工場等についての事前学習を行い，そのうえで，不明な点について実際に調べてみようという流れになりますが，事前に見学場所についての情報をできるだけ多く獲得させることは，調べたいことを充実させるために大切です。

そのために，見学に行く前に教師が下見を行いますが，その際，写真をたくさん撮っておくとよいでしょう。

教科書に掲載されている写真よりも，下見に行った教師が撮影してきた写真の方が子どもたちは見学地のイメージをより具体的にもてます。教師が，撮影してきた写真を子どもたちに見せ，気づいたことや知りたいことを出させることにより，子どもたちの調べたいことが拡大していきます。

②知りたいことを具体的にピックアップさせる

見学場所についてのイメージが広がってきたら，特に知りたいこと，理由，目をつけるポイントを具体化させていきます。

例えば，スーパーマーケットの鮮魚コーナーの写真から，たくさんの種類の魚が並んでいることに気づき，どこから魚が運ばれてくるのかということを知りたい場合，パックに表示されている産地に着目することになります。

子どもは疑問をもつことは得意ですが，どこに目をつけるかという点については，考えが及ばない場合が多くあるので，子ども同士相談させたり，教師から助言したりすることが必要になります。

(3) どうやって調べたらよいのかをはっきりさせる

①同じ課題をもつ子でグルーピング

見学に行ったときに，同じ疑問をもつ子が別々に担当者の方に質問に行くと，担当者の方は同じようなことを何回も繰り返し説明することになり，負担をかけてしまいます。

反対に，同じ疑問をもつ子が集まって担当者の方に質問に行くと，答える側は一度答えればよいことになります。加えて，１人で質問に行った場合には回答に対してさらに詳しく質問をすることがなかなかできないことが多いのですが，グループで行くことにより心強くなり，できるようになります。

以上の理由から，同じような課題をもつ子を１つのグループにします。

②調べ方を出し合う

続いて，どのように調べたらよいか，グループ内で相談させますが，その前に教師がしておくことがあります。それは，それぞれの見学場所で可能な調査方法を知らせることです。

「　　　　　　　　」ちょうさカード

(　　)月(　　)日　氏名(　　　　　　　　)

順番	知りたいこととわけ	注意するところ	調べ方	わかったこと	思ったこと・考えたこと

例えば，鮮魚コーナーでは，陳列ケースに入っている魚を見ることと，魚をさばく専門の方に話を聞くことができるというように，子どもたちに可能な調べ方を示すことにより，調べたいことに応じて，その中で自分はどの調べ方を使うのかを判断することができます。知りたいことと理由，目のつけどころ（注意するところ），調べ方は１枚のワークシートに収まるようにして，わかったことや思ったこと・考えたことなども同じシートに書けるようにすると便利です。順番を書き込む欄もつくっておくと，構成を考えるときに便利です。

(4) 筋道立てた組み立てをつくる

①見本を使い，イメージをもたせる

学習指導要領の解説では，次のような報告文の特徴に沿って文章を書くことが示されています。

調査を報告する文章では，調査の目的や方法，調査の結果とそこから考えたことなどを明確に書く

ここから，報告文の構成を「調査の目的」→「調査の方法」→「調査の結果」→「考えたこと」とすることが読み取れます。

このような構成要素と配列順について子どもたちに指導するために，前述のように，単元の導入段階で，見本を見せます。単元の導入では見本を見せず，相手意識や目的意識をもたせて，取材した後に構成の全体イメージをつかませる方法もありますが，まず，完成イメージを見せてから取材に移行した方が見通しをもって活動ができます。

従って，取材した内容をどのように配列したらよいかは，単元導入時に使用した見本の確認になります。

②「調べてわかったこと」の並べ方を工夫する

調べたことを配列する際，最も丁寧に考えさせたいところは「調査の結果」の箇所です。子どもは，１つのことだけ調べるわけではありません。複数のことを調べてあるので，調べたことをどのような順序で配列するかを考えさせる必要があります。

自分が最もびっくりした順番にして読み手にも驚いてもらう，スーパーの手前から奥に行くような順にして買い物をしているような気持ちになってもらうなど，並べ方とその目的を出し合います。

(5) 事実と考えを分ける

①なぜ事実と考えを分けるのか考えさせる

一般的に報告書は明確に事実と考察を分けますし，むしろ，事実を中心に書きます。読み手は，報告書に示された客観的な事柄を基にしつつ，書き手の考察を参考にしながら，自分の判断をしていきます。

子どもたちには，報告書を文章化する前に，まず，なぜ事実を書く欄と思ったことや考えたことを書く欄があるのかについて考えさせます。

そうすることで，形式的に事実と考えを書き分けるというのではなく，書き分けることの意味を理解して活動に取り組むことができます。

②モデル学習と相互評価を生かす

事実と考えを分けることができるようにするため，２つの段階を踏みます。

１つ目は，モデル学習を通して，事実と考えを書き分ける方法を学ぶ段階です。右の表で言えば，わかったことの欄には事実として「たくさんのしゅるいの魚がいました。店員さんは朝８時から魚をさばいています。『冬は水がつめたくてきつい』と言っていました」と書き，考えたことの欄には「せん魚売り場はいろんな魚がいてたのしいです。でも，朝早くからの大変な仕事だと思いました。冬は特に水がつめたくてかわいそうです」と書きます。このようにクラス全体で共通の教材を使い，みんなで考えてみます。

」ちょうさカード

）

わかったこと	思ったこと・考えたこと
たくさんのしゅるいの魚がいた。	いろんな魚がいてたのしい。
朝 8 時から魚をさばいている。	早くから大変な仕事。
冬は水がつめたくてきつい。	かわいそう。

そのうえで，自分の表に書いたことを文章化するという２つ目の段階に進みます。できたら，きちんと事実と考えが分けられているか相互評価します。

3 「説明文（読み書き複合単元）」の指導のポイントと指導例

指導のポイント

(1)「読むこと」領域で内容に関心をもたせる

いくつかの教科書会社では，読み書き複合単元に位置づけられている「書くこと」領域の活動として，説明文を書くことを位置づけている場合が多く見られます。そこでここでは，読み書き複合単元での「書くこと」領域で説明文を書くことに絞って述べていきます。

「書くこと」領域単独の単元を組む場合，導入段階で活動に対する意欲をもたせることに細心の注意が必要です。なぜなら，目的意識や必要感をもてずに単元に入ってしまうと，特に書くことに対して苦手意識をもつ子を中心に，活動を持続することが困難になるからです。

この点で，読み書き複合単元の場合，「読むこと」領域で扱う教材の魅力に子どもをひきつけることができれば，「書くこと」の活動に対しても意欲をもって取り組んでいくことができます。ただ，単元ははじめに「読むこと」領域の学習を行い，その後「書くこと」領域の学習を行うということで，長くなります。導入段階で，例えば「食べ物の秘密を見つけて教え合おう」というような「読むこと」領域と「書くこと」領域を束ねる大きな目的を示し，子どもたちの意欲を喚起するとともに，学習計画も示すことが必要です。

(2)「読むこと」領域の教材で構成をつかむ

「読むこと」領域の学習では内容をつかませ，新たな疑問をもたせるということの他に，あと2つ学ぶことがあります。その1つが，構成です。

はじめ・中・おわりの役割を踏まえたうえで，文章がどのような構成になっているかをつかませます。このことが，自分が説明文を書くときの構成モデルにつながります。

(3)「読むこと」領域の教材で説明の筋道をつかむ

「読むこと」領域の学習でもう１つ学びたいことは，「説明の筋道」です。

「読むこと」領域の学習と「書くこと」領域の学習の軸になるものが，説明の筋道です。例えば，「読むこと」領域で学習した説明文が「抽象から具体」という筋道で説明されていることを見抜ければ，同様の筋道を自分が書く説明文でも生かすことができます。

(4) 調べ方で1時間の授業を

「読むこと」領域の学習を終え，「書くこと」領域の学習に入ると，多くの場合，図書館を利用して，調べ学習をします。

「図書館に行けば，『読むこと』領域で学習した内容と同様の図書はあるだろうし，子どもたちはすぐに見つけるだろう。そして，わかったことをどんどんノートにまとめていくだろう」と教師は思いがちです。しかし，実際には状況は異なります。

図書館に到着した子どもたちは，図書館の中を見て回りますが，なかなか目指す本には出合えません。そのうち，目当ての本を見つける子は出始めますが，今度は，どうやって調べるのか，どんな言葉をノートにまとめていくのかがわからない子が続出します。調べ学習はなかなか大変なものです。入念な計画を立てて調べ方のスキルを高める時間が必要になります。

(5) 箇条書きをスムーズに文章化させる

子どもたちが図書館で調べたことは，基本的には箇条書きになっています。箇条書きにしてあるのだから，文章化するのは難しくないだろうと思いがちです。しかし，箇条書きの状態から指導をせずに文章化させると，整った文章を書けない子が続出します。

指導例

(1)「読むこと」領域で内容に関心をもたせる

①単元に入る前に動機づけをする

読み書き複合単元の活動は息の長いものになります。息の長い活動をしていくためには，最後までがんばり続けるために意欲を高める必要があります。意欲を高めるために大切なことは，内容に対する興味関心です。

以下，「すがたをかえる大豆」と「食べ物のひみつを教えます」を教材とした複合単元を例に述べていきますが，意欲をもち，継続するために最も大切なのが，第１時間目です。ここで，教師が加工食品の材料となるもの，あるいは加工食品を示し，どんなものに変身するか子どもに尋ねます。例えば，そばの実を示し，これは何かと問いかけてひとしきり盛り上げたうえで，そばの実から何ができるか知っていることを出し合います。そのうえで，そばの実からできるキャンディ等意外な食品を見せると，子どもたちの間に驚きが生まれます。その状態になったら，他にも意外な食べ物に変身する材料がたくさんあるだろうから，それをお互いに伝え合い，食べ物博士になろうと投げかけます。ただ，どのように知らせたらよいかはよくわからないだろうから，教科書を参考にして書き方を知ること，教科書では大豆を取り上げているので，まず大豆は何に変身していくのかを知ろうと興味をもたせます。そして，「すがたをかえる大豆」の読み取りをして，大豆を使った食品のおもしろさからもった興味を，そのまま各自の調査につなげていきます。

②内容の理解とともに疑問を大切にする

「すがたをかえる大豆」を読む際，内容の読み取りに加えてもう１つ大切なことがあります。それは，疑問をもつことです。他にもこんなに変化するものはあるのかといったことや，いつから工夫が始まったかなど，疑問があるほど，調べ学習での追究の意欲につながります。

(2)「読むこと」領域の教材で構成をつかむ

①はじめ・中・おわりの定義にあてはめる

説明文の書き方を生かし，自分で書く文章に生かすために，「すがたをかえる大豆」の文章構成を理解することは大切です。文章全体を「はじめ・中・おわり」に分けることは，そう難しくないような印象がありますが，授業では子どもたちの考えがまとまらないことが多くあります。それは，「はじめ・中・おわり」の定義が共通理解されていないからです。従って，まず，「はじめ…話題，まとめ，文章全体にかかわる大きな問い」「中…詳しい説明」「おわり…まとめ，筆者の考え」というそれぞれの定義を説明し，理解させたうえで，３つに分けることが必要です。

まず，「はじめ・中・おわり」に分けるという本時の目的を示したら，どのようにしたら，３つに分けることができそうか子どもたちに尋ねます。このときに，子どもたちの文章構成を分けることに関する知識がどのくらいあるのかを把握することができます。「はじめ・中・おわり」の定義を子どもが知らなければ，教師が説明します。

まず，各自で３つに分けたら，グループで話し合い，考えを１つにまとめます。そのうえで，各グループに理由も添えて発表させ，分かれ目がずれているところについて，検討します。

②接続語，文末表現は目印として

説明文の「はじめ・中・おわり」を整理していく際に，接続語や文末表現に着目させることは，効果的です。「…でしょうか」というように疑問の形になっていれば「問い」なので「はじめ」に位置づき，「このように」といった接続語があれば，まとめているところなので，「まとめ」というように判断していくことができます。しかし，肝心なことは内容です。接続語や文末表現を根拠とした考えが出されたら，該当箇所の内容を確認させます。

(3)「読むこと」領域の教材で説明の筋道をつかむ

①説明の筋道をつかむことで読みの力を書くことに生かせる

説明文の「はじめ・中・おわり」をつかむことは，それ自体が目的ではなく，文章がどのような話題をもち，どのようなことを根拠にして，どのような結論となっているかをつかむために必要なことです。従って，構成をつかむことは主に内容理解を進めるために効果的であると言えます。

しかし，構成をつかみ，本論を中心とした内容の理解をした後で，子ども自身が説明文を書く段階になると，「はじめ」で問いや話題を示し，「おわり」でまとめや考えたことを示すことは教科書の教材を模倣できても，本論を書くことはなかなかできません。

そこで，主に本論での詳しい説明部分を整理して書くためには，説明の筋道をつかむことが必要になります。説明の筋道というのは，「AとBを比較する」とか「AだったものがBという原因によりCとなる」や「A，B，Cの順に詳しくなる」など，論理的思考を働かせた説明です。

教材文の説明の筋道を見抜くことができれば，同様の筋道で自分の説明文も書くことが可能になります。

②各段落共通の筋道を読み取る

「すがたを変える大豆」で，展開されている説明の筋道の主なものは２つです。

１つ目は，「材料を食品に変える大まかな工夫→具体的な工夫→食品名」というように，工夫から食品名にかけて説明内容が「具体化」されていることです。その説明の仕方は，１つの事例だけではなく，すべての事例に関して共通しています。「どの食品についての説明でも共通しているのはどんな順番でしょう」と問うことで，「工夫→食品名」の順が共通していることに気づかせることができます。このときに，なぜその順なのか考えさせることで筆者の思いを考えることができます。

③説明の配列の意図を読み取る

「すがたをかえる大豆」で展開されている説明の筋道の２つ目は，各事例の配列の工夫です。「いり豆」や「に豆」から始まり，「みそ」「しょうゆ」というように後にいくほど工程に手間がかかるものになっており，工程とは別の観点である時期・育て方による工夫に続いています。ここでも，なぜそのような配列の仕方をしているのか筆者の思いを想像することで，説明文を身近に感じることができます。

④図式化して読み書き共通の筋道を視覚化する

本単元では，下のようなシートをつくり，タブレット等を使うと能率的に活動を進めることができます。まず「すがたをかえる大豆」の読み取りの際に，各項目に沿って内容をまとめていきます。調べ学習のときも同様に，各項目に沿ってまとめていきます。次に構成を考えるときには，本論に書いた内容を自分の思いに沿って並べ替える必要が出てきます。その際，タブレット端末等を使うと，工夫や食品名をまとめた箇所を動かすことが簡単にできます。

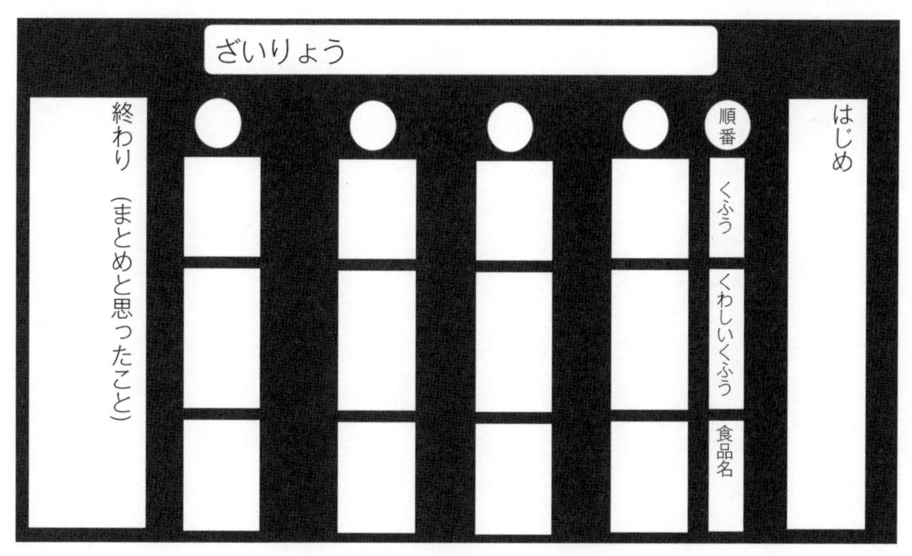

(4) 調べ方で1時間の授業を

①どんな情報源があるか下調べを

調べ学習で活用する情報源の中心は，図書館の本です。従って，教師は図書館の本に関して下調べをしておく必要があります。

「すがたをかえる大豆」については，複数の出版社から関連図書が出版されています。図書館にある関連図書が何冊あるのかを調べ，不足するようであれば，学校図書館司書の先生に協力していただき，公共図書館等から借りることも必要です。様々なシリーズよりも，1つのシリーズの本を数多く確保する方がよいでしょう。

②調べ方を具体的に指導する

関連図書は，様々なシリーズを子どもたちに提示するよりも，基本的に1つのシリーズを使った方がよいのは，子どもたちに調べ方をきちんと指導することができるからです。

子どもたちが主に使用する図鑑は，教科書の「すがたをかえる大豆」とは異なった体裁で書かれています。写真のところに文章が添えられていたり，コラムがあったり，箇条書きされたものが矢印でつながれて書かれていたりします。

このような体裁は，シリーズにより異なります。従って，1つのシリーズのうちの1冊を例にとって調べ方を指導しても，他のシリーズにはあてはまらない場合が多々あります。その結果，子どもから「どこを見たらいいかわからない」といったSOSが教師にたくさん寄せられ，個別対応に追われ，授業の停滞につながります。調べ学習の習熟度によりますが，基本的には1つのシリーズを選び，調べ方を具体的に指導することが，子どもが自力で調べていく力につながります。

(5) 箇条書きをスムーズに文章化させる

①子どもにとって箇条書きと文章はつながりにくい

取材した内容の箇条書きを文章に変換していくことは，それほど難しくないと思いがちです。

しかし，実際に箇条書きを文章に起こしていくと，文と文のつながりがわかりにくかったり，適切な文末表現が使用されていなかったりすることが多々あります。そこで，箇条書きを文章化するときには，まず，自然な文章にするためのポイントを指導することが必要になります。

②モデルを使い接続語，文末表現中心に指導する

ここで肝心なことは２つです。

１つは，文章化していく際のポイントを絞ることです。多くの子どもたちが，自然な文章をつくっていく際に課題となるのは，文と文の接続語，文末表現ですので，ここではそれらをポイントとします。

もう１つは，モデルを示すことです。基本的には，複合単元の中の「読むこと」領域で学んだ教材の書き方をモデルとします。ある程度の時間数をかけて読み取ってきた教材ですから，表現そのものもある程度頭に入っており参考にしやすいですし，よくわからなくなったときは教科書を見れば具体が載っているので取り入れやすいのです。

教師が作成したものを教材として一斉指導をすることで，やり方を確実につかませます。

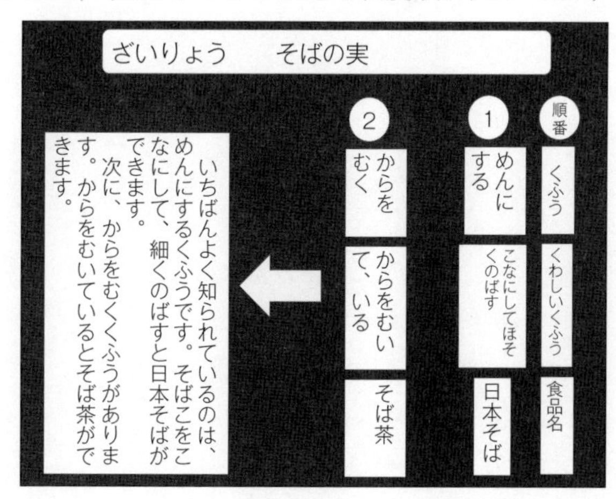

4 「意見文」の指導のポイントと指導例

指導のポイント

(1) 説得する意識と必要感をもたせる

高学年になると，考えと事例や理由の整合性の取れた筋道の通った文章をつくる力をつけるために，意見文を書く学習が行われます。筋道の通った説得力のある文章にするために，はじめに提示した意見に対する反論をあげ，さらに再反論を行う形式がよく使われます。

例えば，「小学生がスマートフォンを学校に持参してもよい」という論題を立てると，「持参してもよい」「持参してはいけない」という２つの立場が表れます。

自分と異なる立場には説得したいという思いが出るものです。

もう１つ必要なことは，「反論―再反論」を使って意見をつくることの必要感です。必要感をもつことにより，子どもたちの追究はいっそう意欲的になり，スキルの獲得につながります。

(2) 2つの立場で話し合ってみる

「小学生がスマートフォンを学校に持参してもよい」ということに対して，すぐに自分の立場を決めてしまうのではなく，賛成と反対の両方の立場から考えてみることが必要です。その際，１人だけで考えていてもなかなか考えは広がりません。

隣の席の子をはじめとして，いろんな子と意見交換することが必要ですし，立場を仮に決めて，意見交換することも必要です。その際，必ず理由を伝え合うようにします。

(3) 2つの立場で考えてみる

話し合うことによって，見方が広くなり，賛成，反対，両方の立場から考えられるようになります。

そうしたら，今度は1人で考えるようにします。話し合いは，やりとりで進むために，そのときはお互いに筋道が通った考えだと思っていても，後になってみると，実は整理がついていなかったということも多くあります。

そこで，1人になって考えてみることで，筋道立った考えを組み立てていくことができます。

このときも，賛成，反対，それぞれの立場から，考えと理由をつくっておき，見方を広げます。

(4) 3つのパターンの「反論―再反論」を知る

ベースとなる考えと理由ができたら，反論，再反論をつくっていきます。

「理由―反論―再反論」は，それぞれがばらばらの観点で述べている限り，水かけ論になり，噛み合うことがないので，説得力が生まれません。そこで，筋道の通った，「反論―再反論」をつくるための3つの方法（後述）について指導を行っていきます。

(5) 整合性を相互評価する

各自がつくった「理由―反論―再反論」の関係は，はじめの段階では必ずしも整合性が取れているものではありません。また，パターンを示したことにより，かえって混乱してしまう子もいます。

そこで，「理由―反論―再反論」をつくったものをお互いに読み合い，整合性が取れているかを評価し合う活動を行います。またこのとき，書けていない子に対して一緒に考えたりさせます。

これらのことを行い，「理由―反論―再反論」の筋道を通すことができたら，教科書のモデル文の書き方を参考にして意見文を書いていきます。

指導例

(1) 説得する意識と必要感をもたせる

①説得のためにどうすればよいかという意識をもたせる

「小学生は学校にスマートフォンを持って来てよい。賛成か，反対か」というテーマを決めて，子どもたちが，立場をはっきりさせると，自分の考えに賛成してほしいという気持ちになります。

そこで，自分の考えを相手に正確に理解してもらい，自分の考えに賛同してもらうためには，どのような文章を書いたらよいのかについて，子どもたちに考えさせます。

すると，「自分の主張だけでなく，どうしてそう思うのか理由も言う」といった意見や，「相手の立場をとったときのデメリットと比べて，自分の立場のメリットを述べる」といった意見が出されます。

②「反論―再反論」を考える必要感をもたせる

どのような論を立てたら相手を説得できるのかを出し合ったら，それらに加えて，この単元で身につけてほしい考え方を示します。

それは，多面的に考えることです。

意見文の学習をするのは，小学校の高学年です。

学校のリーダーとして，そして，卒業して中学校に行ってから，自分の立場だけではなく，様々な立場からの考えを踏まえて自分の考えをもつことが必要になります。そして，そういった考えが説得力をもつことを伝えます。今回の意見文を書く活動を通して，多面的に物事を見て，自分の考えを相手に説得力をもって伝えられる力をつけたいということを子どもたちと確認したら，多面的に考えるためにはどうしたらよいのかを出し合います。

そのうえで，自分の意見をまず理由とともに示したら，反論を述べ，さらに再反論する流れを設定します。

(2) 2つの立場で話し合ってみる

①賛成派，反対派でペアをつくる

反論，再反論を入れた意見文を書くためには，もともともっている自分の立場に沿った考えを，拡張する必要があります。

そのためには，自分の心の中で対話してみて，反論，再反論をつくっていくこともできますが，なかなか考えは広がらないものです。

そこで，ペアになって，賛成派，反対派に分かれて，意見交換をしてみます。その際，机を並べている隣の子同士でもよいのですが，２人とも同じ立場である場合，本来の自分の立場でないところから意見を出すとなると，なかなか理由が思い浮かばないという場合があります。また，本来の自分の立場ではないところから意見を出すことにはなかなか意欲がわかないという場合もあります。そこで，できる限り，本来の立場に沿って賛成派，反対派のセットになるようにしてペアをつくって討論することをおすすめします。双方の立場の人数のバランスによっては，ペアにならず，３，４人ぐらいの小集団になっても構いません。ここで大切なことは，自分の意見に対して逆の立場ではどのように受け止め，どのような内容で反論するのかをつかむこと，逆の立場の意見はどのようなものかをつかむことです。なお，意見を述べるときは，必ず理由づけをさせるようにします。

②相手を変えて，立場を変える

逆の立場との意見交換が終わったら，今度は，お互いが，本来の自分の立場とは逆の立場になり，意見交換します。このとき，はじめに組んだペアや小グループとメンバーが同じにならないようにします。相手が同じだと，はじめの話し合いで述べ合ったことを，立場を逆にして言うだけになる場合もあります。また，相手が変わると考え方の傾向も変化するので，いっそう多面的な見方を身につけていくことにつながります。

(3) 2つの立場で考えてみる

①１人になり，考えを整理する

話し合いを通して，自分の立場のメリットとデメリット，逆の考えのメリットとデメリットはいくつも出されます。しかし，立場を変えながら意見交換していくと，本当は自分はどちら側の立場だったのか，それぞれの立場を支持する理由は何だったのかといったことが頭の中でごちゃごちゃになる子が出てきます。

そこで，いったん頭の中を整理する必要があります。

そのために必要なのが，改めて自分の立場と理由を考えることです。

時間を取り，友だちとの意見交換でもらった意見の内容を頭の中で整理して，自分の立場と理由を考えます。自分が納得のいったものであれば，友だちが言った理由も大いに参考にしてよいことを伝えます。そうすることでこそ，自分の考えの幅が広がります。

②反対の立場もしっかりと考える

まず，現在の自分の立場と理由をノートにメモ書きします。

単元のはじめにとった立場と変わっていても構いません。それは多面的に考えることができたということの１つの表れであることを子どもたちに伝えます。こうすると，まわりの様子を見て立場を変えようとする子が続出する場合があるので，そういった場合は，「自分の立場はあくまでも自分で決める」ということを大切にさせます。

自分の立場と理由が書けたら，逆の立場と自分が最も説得力のあると思う理由も書かせます。

逆の立場の意見だからといって一生懸命に考えないということはしないように子どもたちに伝えます。逆の立場の理由も納得がいくものを考えることが，多面的に考えることにつながるということを押さえます。

(4) 3つのパターンの「反論―再反論」を知る

①「理由―反論―再反論」が噛み合うことを意識させる

これまでペア，小グループでの意見交換や，それぞれの立場になって意見と理由を書いてみることを通して，子どもたちには多面的な見方と内容が備わってきています。そこで，ここからは，「反論―再反論」を入れていきます。子どもたちの意見の根拠や理由となることはだいぶたまってきていますが，意見文を書いていくうえで，意見の理由と反論，再反論が噛み合うことが大変重要だということを意識させます。意見の理由と反論，再反論が噛み合っていないと，多面的に見ることが思考の深まりにつながりません。

そこでまず，「理由―反論―再反論」が噛み合わないことの違和感を，例をあげながら子どもたちに気づかせます。

●小学生がスマートフォンを学校に持って来るのに反対

・理由……勉強に関係がないから

・反論……帰りに不審者に会ったときなど110番できる

・再反論…子どもにスマートフォンを買うお金がかかる

この例を見て，どんな観点から論じられているのかを確認します。「勉強に関係がない」は学習面，「不審者対策」は安全面，「お金がかかる」は経済面というように，それぞれの観点がバラバラだと，主張のし合いになるので説得力が生まれないことを意識させます。そのうえで，子どもたちには，下のようなルートマップをつくらせていきます。

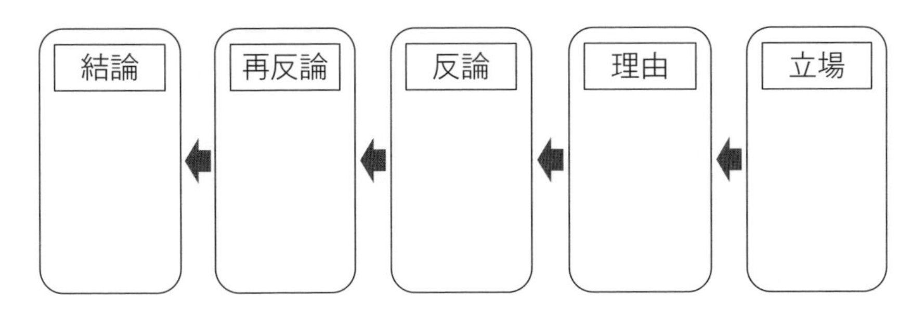

②観点をそろえたパターン

「理由―反論―再反論」を噛み合わせるためには，３つの方法があります。１つ目は，観点をそろえる方法です。

例えば，「安全面」という観点でそろえると，以下のようになります。

●スマートフォンを学校に持って来るのに賛成

・理由……不審者に会ったときにすぐ110番できる

・反論……交番に行けばよい

・再反論…交番が近くになかったり，すぐに助けを呼ぶことが必要な場合があったりするのでスマートフォンがあった方がよい

③より大切な観点を示すパターン

２つ目は，より大切な観点を提示するパターンです。

●「安全面」から考えて，スマートフォンを学校に持って来るのに賛成

・理由……大きな地震があったときなどに家族と連絡を取れる

・反論……お金がかかる

・再反論…お金を抑えるよりも，命の危険を避けることの方が大切

④意見と反論のいいところどりをするパターン

２つ目のパターンのように論破していく型が必要な場合もありますが，もとの意見のよいところと，反論のよいところをそれぞれ足していくという建設的なパターンもあります。

●「安全面」から考えて，スマートフォンを学校に持って来るのに賛成

・理由……大きな地震があったときなどに家族と連絡を取れる

・反論……学校へ持って来ると授業中遊ぶ人がいる

・再反論…授業中は先生に預かってもらい，緊急時に使用する

それぞれのパターンを例示し，子どもは自分が考えやすいものを選んで，ルートマップに書き込ませます。慣れないと修正が多くなるので，タブレット端末の活用が効果的な場面です。

(5) 整合性を相互評価する

①友だちと問答して意見をつくる

取り上げた３つの「反論―再反論」のパターンは，子どもたちが自分で使いやすそうなもの，考えやすそうなものを選択して活用していけばよいのですが，実際にやってみると，慣れないうちは，これが使いやすそうかなと思って選んでも，なかなかうまくいかない子が多くいます。

そのような場合には，隣の席の子と問答させると思考が深まる場合があります。まず，どのパターンでやりたいかを隣の席の子に伝えてから，自分の意見と理由を言ってみます。それに対して，隣の子が「でも…」といった形で，反論をします。そうしたら反論に対して再反論します。

このとき，観点をそろえるパターンや，より大切な観点を示すパターンの場合は「だけど…」といった接続語を使いながら再反論します。

意見と反論のいいところどりをするパターンの場合には「じゃあ…」といった接続語を使いながら再反論すると，考えが出やすくなります。

②相互評価を行う

その後，ルートマップ上の「立場（意見)」「理由」「反論」「再反論」に内容を書き込み，相互評価をします。相互評価の観点は，書いた子が選択したパターンで，それぞれの要素がつながっているかということです。まず，自分はどのパターンでつくったのかを隣の席の子など，評価してくれる子に伝えてから読んでもらい，意見をもらいます。このときに，書いてある内容そのものに対して意見を言いたくなる場合もお互い出てきますが，ここでは，意図したようにそれぞれの要素がつくられているかを確かめます。修正する必要がある場合は修正し，最後の要素の「結論」を「子どもの安全を考えるとスマートフォンを学校に持って来ることはよい」のように観点を入れてつくり，次の時間に文章化していきます。

5 「手紙」の指導のポイントと指導例

指導のポイント

(1) 相手意識を高めて丁寧な活動を

学習指導要領では，手紙を書く言語活動例は，小学校では，第1，2学年と第3，4学年に登場します。中学校の学習指導要領でも，第2学年に登場します。学習指導要領で例示されている言語活動例としては，比較的多く取り上げられています。

言語活動例で他に取り上げられている観察記録や報告文と手紙とでは，大きく異なる点があります。

それは，必ずと言っていいほど，手紙を読む相手が学校外の人だということです。そのため，子どもにとっては，クラス内の友だちや違う学年の子ども以上に相手意識が高まる言語活動になります。相手意識が高まるほど，文字の丁寧さも含め，丁寧な活動が展開でき，学習内容の定着につながります。

(2) 季節感と温かさを

3年生以上で手紙を書く言語活動の定番は，社会科見学の見学先の方へのお礼です。

その手紙では，素朴な思いをつづったものというのではなく，フォーマットに則ったものが求められます。そのうえで，見学させていただいた感謝と，お世話になった方を大切にする気持ちを表す必要があります。

その気持ちを表すのに適している箇所は手紙の「時候のあいさつ」と「おわりのあいさつ」です。短い箇所ですが，工夫することにより，相手の方を大切に思う気持ちを表現することができます。

(3) 具体的なエピソードを

子どもたちが，見学先の方に，自分が学んだことを伝える中心となる箇所は，手紙の「本題」です。

「本題」を書く際，「消防署の見学はとても楽しかったです。消防車が出動するところがすごかったです」のようにまとめてしまうと個性は出ません。読む方にとってもおもしろみはありません。

それぞれの子どもたちにとって，社会科見学で印象に残った箇所は異なり，そこで感じたことも異なります。

そこで，手紙の「本題」を書いていく際には，具体的なエピソードを1つ入れます。

子どもにとってはエピソードを詳しく思い出すことで，学んだことの振り返りになり，考えと理由や事例の関係を明確にして書き表し方を工夫することにもつながります。

それぞれの子が具体的なエピソードを書くことにより，手紙の内容に個性が出てきます。そうすることで，手紙を受け取る側も，楽しんで読むことができるでしょう。

(4) 推敲しやすい活動にする

手紙を書く活動は，相手がいる活動です。

相手に失礼のないように，誤字がないように，文字を丁寧に，文章のつながりでおかしなところがないように，といったポイントで手紙を仕上げていく必要があります。

そのため推敲を重ねる必要があるのですが，あまり，何回も書き直しをさせられると，子どもは嫌になってしまいます。

従って，子どもにとっては負担の少ない活動で，しかも，質の高まるような推敲ができるようにする必要があります。

指導例

(1) 相手意識を高めて丁寧な活動を

①相手の立場に身を置いてみる

社会科見学に行った後のお礼の手紙を書くという状況で考えてみます。

お世話になった方に手紙を書くことを持ちかけると，子どもたちの多くは，書きたいという意欲を示します。ここから，子どもたちの相手意識をもう少し高めます。

社会科見学に行った消防署の皆さんは，普段何をしているのかを子どもたちに尋ねます。すると，トレーニングをしたり，記録を整理したりしているという見学に行って聞いた内容が出てきます。子どもたちが行くことによって，その仕事はどうなったか尋ねると，（子どもたちが行った分だけ）仕事が遅れてしまったといった反応があります。さらに，消防署の方が，仕事が遅れてしまっても，子どもたちのためにお話をしてくれたのはなぜか尋ねると，火事を起こさないようにしてほしいからといった意見が出されます。

そこで，自分たちの仕事が遅れてしまっても，子どもたちのために見学させてくれて，話をしてくれた消防署の方が手紙を読むことでどんな気持ちになってほしいかを尋ねます。子どもたちから「ちょっと大変だったけど，お話をしてあげてよかった」と思ってほしいといった反応を引き出し，相手意識を高めます。

②「自分だけの一通」という意識をもたせる

見学先には，大勢の子どもたちからのお礼の手紙がきます。同じようなことばかり書かれていたら，相手の方はどのように思うか子どもたちに尋ねると，「読んでいて飽きてしまう」といった反応があります。手紙を書く側としても，大勢の中に埋もれてしまっては，自分の思いは伝わらないだろうということを話し，「自分だけの一通」を書こうという意欲をもたせます。

(2) 季節感と温かさを

①時候のあいさつで季節感を

学習指導要領の解説には「手紙を書く際には，表書きの住所や宛て名を正しく書くことや，後付けにおける署名や宛て名の位置関係といった基本的な形式などを押さえることが必要である」とあります。

基本的な形式を踏まえることによって，手紙に子どもらしさや，その子らしさがなくなるのではないか，と思ってしまいますが，そうではありません。型を踏まえるからこそ，オリジナリティが適切な形で相手に伝わります。

まず，時候のあいさつで自分なりの季節感を表すことができます。例えば秋でしたら，「紅葉がきれいな季節になりました」という一般的なものにひと工夫します。色を少し入れて「黄色やオレンジの紅葉がきれいな季節になりました」のようにするだけでもオリジナリティが出ます。

②おわりのあいさつで温かさを

おわりのあいさつでは，相手の方に対する温かな気持ちを表します。

秋のおわりでは，「寒くなってきましたが，風邪をひかないように気をつけてください」といったものが一般的な表現です。

例えば，食べ物の名前を入れて，「寒くなってきましたが，温かい紅茶を飲んだりして，身体を冷やさないようにして，風邪をひかないよう気をつけてください」とすると，個性が出てきます。具体的なものを１つでも入れるようにすると，その子らしさを表せる場合が多いです。

相手の方の仕事内容に触れる書き方もできます。例えば，「寒くなってきて，訓練をするときは辛いこともあると思いますが，お体に気をつけてがんばってください」といったように，相手の方の置かれている状況に寄り添うと，温かい気持ちが表現できます。ただ，書き方によっては，子どもの意図が通じにくい表現になりますので，書いた内容の確認が必要です。

(3) 具体的なエピソードを

①まず大まかな出来事を書き出す

本題では，自分にとって見学先で最も印象に残ったこと，最も勉強になったことを書きます。

具体的なことをいきなり書くように指示しても，書くことはなかなか難しいものです。そこで，印象に残ったことや，勉強になったことを大まかに書き出すようにします。このときには，１つだけではなく，いくつか書き出しておくとよいでしょう。子どもが思い浮かべたものの中には，詳しくエピソードを書くのに適したものと，そうではないものがあります。書きたいことをいくつか書き出しておくことで，その中から特に詳しく書けるものを選ぶことができます。

②５Ｗ１Ｈと五感を使って詳しく

例えば，「消防隊員の方の訓練がかっこよかった」ということを詳しく書くと決めたら，２段階で詳しくしていきます。

まず１段階目は，５Ｗ１Ｈを使って，状況を詳しくしていくことです。

「全体的な説明を聞いた後，タワーのようなところのかべを使って，隊員の方が訓練をするのを見ました。ロープを使って高いかべをおりたり，反対にロープを使って，高いかべを登ったりしていくのを見ました。マンションが火事になったときなどに人を助けることができるように行う訓練だそうです」

このようにして，５Ｗ１Ｈで状況を詳しくしたら，五感を使って，さらに詳しくしていきます。例えば，「…高いかべを登ったりしていくのを見ました。隊員の方のくつの音が，かべに，カッ，カッ，とひびいていました。…」のようにすることで，エピソードがより具体化されていきます。会話文を入れるのも，効果的です。

エピソードを入れたら，思ったことを加えていくようにします。

(4) 推敲しやすい活動にする

①タブレット端末等を活用する

推敲の段階において，書いたり消したりする負担感を減らすことが，子どもたちが飽きずに活動を進められるようにするポイントです。そのことに役立つのが，タブレット端末等です。

例えば，タブレット端末上に，下のようなワークシートを準備し，「５Ｗ１Ｈでくわしく」で書いたことをコピーして，「五感でもっとくわしく」の欄に貼りつけます。鉛筆書きだと，同じようなことを二度書かなければならず負担感を伴いますが，コピー＆ペーストすることで，手軽に，スピーディに活動を進めることができます。

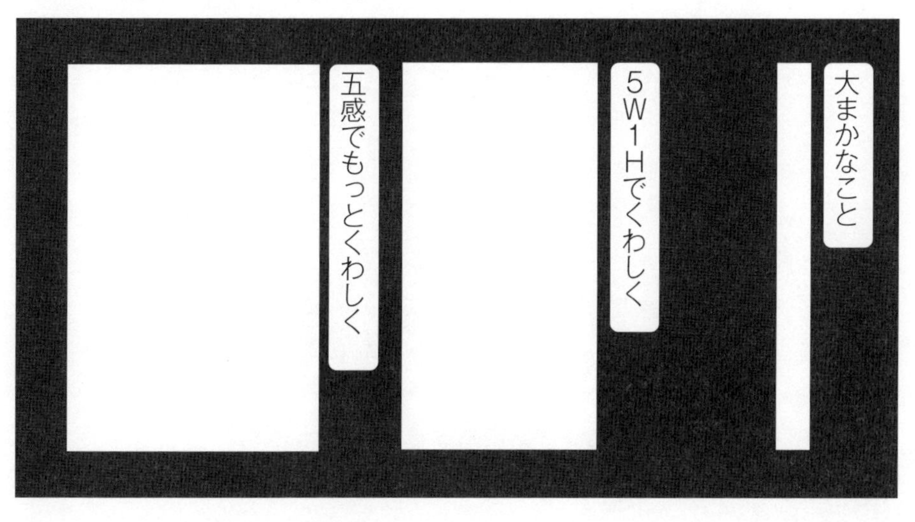

②たくさん試行錯誤してみる

時候のあいさつにしても，具体的なエピソードにしても，端末上でいろいろな言葉を入力して試行錯誤してみます。そうすることで，自分が言いたいことが適切に伝わりそうな言葉や表現が見つかります。

6 「リーフレット・パンフレット」の指導のポイントと指導例

指導のポイント

(1) リーフレットやパンフレットにする意味を考えさせる

学習指導要領の解説では，リーフレットは3，4年生から，パンフレットは5，6年生に例示されています。ちなみに中学校では，リーフレットは1，3年，パンフレットは3年に例示されています。このように，幅広い学年での言語活動として取り上げられています。

リーフレットは1枚ものですから，二つ折りにした場合には4面に情報を載せることができ，三つ折りにした場合には6面に情報を載せることができます。パンフレットは2枚以上でつくられるので，2枚もので二つ折りにした場合には，8面に情報を載せることができます。

情報を載せる面が多いほど，いろいろな角度からの情報が載せられるよさはありますが，制作は大変になります。活動に入る前に，子どもたちの実態を踏まえ，どんなことを載せるかの見積もりをして，教師側でリーフレットにするかパンフレットにするかを決め，そのうえで，子どもたちに冊子形式にする意味を考えさせ，追究する意識を焦点化させます。

(2) 完成イメージを描く

子どもたちは，リーフレットやパンフレットに対して，報告文や意見文などとは違い，写真や図等が入った，賑やかなイメージをもちます。楽しい紙面がつくれそう，活動が楽しみ，という思いをもつ子も多くいます。そこで活動に入る前にまずやっておきたいのが，完成イメージをもつことです。このページにはどんな記事を入れるか，写真はどうするかといったことを決めてから調査に入ることで計画的な調査ができます。

(3) 多面的な調査をする

リーフレットやパンフレットには，多彩な記事が載っています。例えば，旅行会社のリーフレットだと，観光地の写真，見どころ，グルメ，観光地に行った方へのインタビュー，観光地への行き方のルートなど，情報は多岐に渡っています。

子どもたちに，多彩な記事が掲載されているリーフレットやパンフレットを提示し，このような記事をつくるために，どこにどんな調査をしたと思うかを尋ねてみることにより，多面的な調査をすることのよさに気づかせてから，調査活動に入ります。

(4) 端的な表現を

リーフレットやパンフレットには冗長な表現はありません。コラム等も，文章全体の分量は短く，一文の長さも短くなっています。

このように，調べたことを端的に文章化していくことも，リーフレットやパンフレットづくりの中で学ぶことができます。

さらに，リーフレットやパンフレットの表紙のタイトルや，それぞれの記事につける見出しは，短い言葉で，かつ具体的に書かれています。伝えたい中心を短くまとめる学習を行うことができます。

(5) 色づかいや書体を工夫して楽しい紙面に

リーフレットやパンフレットを，鉛筆書きを中心にして，手書きでつくるのも味があってよいでしょう。絵をかいて色鉛筆で塗ったりすると，温かい印象になります。

そのような方法もよいのですが，タブレット端末等を使って制作することもおすすめです。写真を貼り込むのは簡単ですし，文字の大きさや書体，色の工夫をすることも容易にでき，プロっぽくつくることができます。

指導例

(1) リーフレットやパンフレットにする意味を考えさせる

①相手・目的意識をはっきりさせる

「書くこと」領域の活動の多くは，書いて伝えるための相手と，書いて伝える目的を必要とします。リーフレットやパンフレットを制作する活動はその最たるものです。まず，相手・目的意識をはっきりとさせてから，伝える方法を決めていく形を取らないと，伝えるという目的と，伝え方という手段が逆転します。つまり，リーフレットやパンフレットの形式を学ばせるために，相手・目的意識を設定するという形になり，伝える相手に対して不誠実な活動になってしまいます。まず伝えたいと願うきっかけとなる題材があり，それをだれに伝え，どうなってほしいのかを単元のはじめに決めます。

きっかけとなる題材として，読み書き複合単元での「読むこと」領域の内容や社会科見学で行く見学先は，子どもたちの意識を活動につなげやすいものとしてあげられます。また，地域に伝わる伝統行事や，地域に伝わる方言，名物料理など，身近な話題も子どもたちは興味をもちます。

以下，中学年を想定し，郷土料理をリーフレットで保護者の方に伝えて，できれば一緒につくろうという設定のプランを紹介します。

②なぜこの形式なのか考えさせる

「郷土料理を保護者の方に伝えて，できれば一緒につくろう」という設定を確認したら，表現形式の検討をします。どのような伝え方があったか子どもに尋ねると，レポートや新聞などが出されます。さらに，読み手に「つくってみたい」という気持ちになってもらい，つくり方やでき上がりもわかり，しかも簡潔に書いてあるものにするにはどうすればよいかを考えさせ，リーフレット形式で表現することを子どもたちから引き出します。

(2) 完成イメージを描く

①全体の完成イメージを描く

相手・目的意識を決めて，表現の方法を決めたら，自分が調べたい料理（あるいは食材）を決めます。保護者の方も知らないような郷土料理を見つけようと子どもたちに声をかけ，インターネットで検索をかけると，様々なサイトから郷土料理を見つけることができます。ただし，中には他県でも普通に見られる料理が混ざっている場合もあるので，複数のサイトを見て，自分が目をつけた料理が，本当に郷土料理と言えるのか確かめさせる必要があります。

調べたい郷土料理が決まったら，すぐに調査活動に入りたくなりますが，その前に行うべきことが２つあります。１つは，郷土料理のどんなことについて調べるのかを具体化することです。料理の生まれた経緯，見た目の特徴，つくり方，食べ方など，子どもたちから調査の観点を引き出していきます。このような観点があることで，追究が焦点化します。また，観点を設定して調べていく中で，あらかじめあげたものではない観点からの調査内容も出てきます。その子らしさが表れるものとして大切に扱います。もう１つは，全体の仮の割りつけです。二つ折のリーフレットの場合，４ページ構成となりますが，調べたい観点に沿って，全体の割りつけを仮に決めます。教師側から見本を示したり，子どもたちが持ち寄ったリーフレットを見たりして具体化します。Microsoft PowerPoint や Google Slides を使うと楽にレイアウトできます。

②調査したら修正する

全体の割りつけを決めてあっても，調査を進めていく中で，設定した観点に沿った情報を得られなかったり，反対に，設定した観点にはなかったけれどおもしろい情報が見つかったりすることがあります。

そのような場合には，割りつけを修正していきます。

(3) 多面的な調査をする

①調査方法を考え合う

調査する観点が決まったら，どのようにして調査するかという方法を出し合います。

本やインターネットという方法の他に，インタビューをするという方法も出されます。祖父母と同居している子や，近くに郷土料理を扱っている食堂があるといった子には，積極的にインタビューさせます。いずれにしても，調べ方まで考えてから調べ始めることで，能率的に調査は進みます。

特にインターネットを使って調査を行う場合，サイトによって信ぴょう性が高いものと，疑わしいものがあることに気をつける必要があります。基本的には，行政のサイトを見ることで信ぴょう性の高い情報を手に入れることができます。

本の場合は，発行年に留意する必要があります。古い本を使って調べた場合，郷土料理がつくられている地域などが，執筆された当時と変わっている場合もあります。

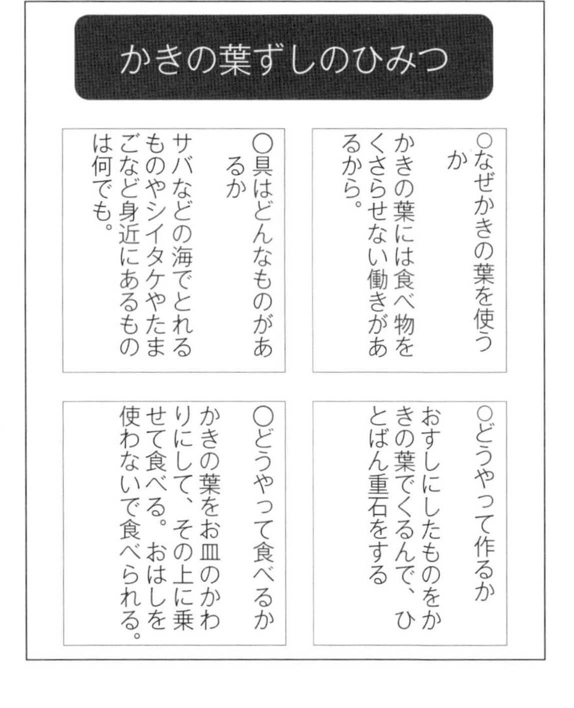

②調査メモも端末に

調査の記録は，右の例のように，タブレット端末等に残します。記録自体が効率的であるだけでなく，記録をコピー＆ペーストすることで，リーフレットの清書も効率的に行うことができます。

(4) 端的な表現を

①リーフレットの性格に合わせて

調査を終えたら，リーフレットづくりに入ります。ここでもう一度，どのようなものを目指すのかを確かめます。

例えば，旅行会社のリーフレットを見ると，宣伝されている観光地に行ってみたくなりますし，少し行ったような気にもなります。また，短時間で概要を把握することができます。

それらの要因は何か考えさせます。

行きたくなるのは，その場所のよさが大きな写真とともに書かれていたり，行きたくなるような言葉がけがされているからです。行ったような気になるのは，写真とともに具体的な内容が書かれているからです。また，短時間で概要を把握できるのは，文章量を抑え，わかりやすい文体で書かれているからです。

これらの工夫を自分でも使ってみようという意識をもたせます。

②文章量を抑える

２つの観点から，文章量を抑えます。

１つは，リーフレット全体の文章量です。リーフレットを開いたら，文字ばかりが並んでいるものは，読み終わるまでに時間を要し，すぐに概略がつかめるものにはなりません。写真や図表を大きく入れて，全体の文章量を少なくするように意識づけます。

もう１つは，一つひとつの記事の文章量です。一つひとつの記事の文章量が減れば，結果的に全体の文章量も減らせます。それぞれの項目で述べたいことに対応する内容に絞ることを第一に考えて，分量を減らしていきます。

③テンポのよい文体で

一つひとつの記事全体の文章量を絞ったら，文体をテンポのよいものにしていきます。

テンポがよくすらすら読めるようにするための一番のコツは，一文を短くすることです。一文で伝えたいことを１つに絞ることで，文を短くしていきます。

また，「かきの葉には，食べ物をくさらせない働きがある」といった主語と述語が整った文を，「食べ物をくさらせないこうかのあるかきの葉」のように，体言止めや倒置法を使うことも，一文にテンポを生み出す工夫として使えます。

まずは，直した方がよいと思われる文を教師が示し，子どもたちが修正する活動を行ってコツをつかませ，その後，一文を短くしたり体言止めを使ったりする各自の取組につなげます。

④すてきな小見出しを

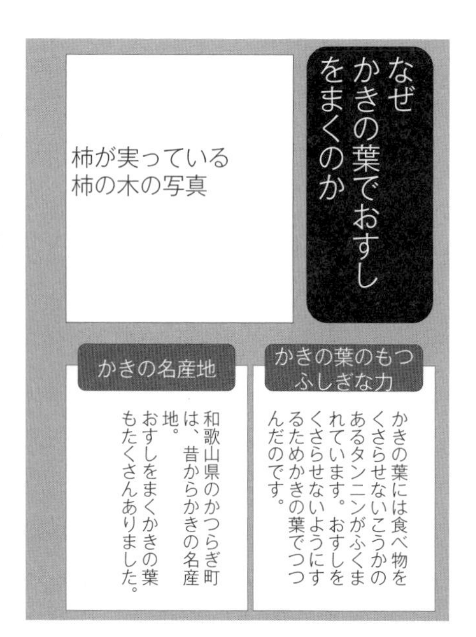

それぞれの記事の内容や表現が定まったら，小見出しをつけていきます。小見出しをつける際には「かきの葉ずしのつくり方について」といった「…について」という述べ方をするのが最も簡単ですが，それだけではおもしろみがありません。

そこで，持ち寄ったリーフレットや教師が用意したリーフレットを見せ，小見出しはどのような考え方でつくられているのかを考えさせます。

子どもたちからは，記事に書かれている中心を具体的にひと言で表しているといった気づきが出されます。他にもどんな小見出しがあったら読みたいと思うかを尋ねます。子どもたちからは，小見出しに書かれていることがクイズのようになっていて，記事を読むと，答えがわかるようになっていれば楽しいといったアイデアが出されます。クラスで出されたこうしたアイデアを使い，小見出しをつくっていきます。

(5) 色づかいや書体を工夫して楽しい紙面に

①相互評価を繰り返し楽しい紙面に

仕上げは，色づかいや書体を工夫して，楽しい紙面に仕上げることです。

ここで，単元のはじめに設定した相手意識・目的意識が生きてきます。「楽しく読んでほしいから，明るい色を使い，書体も柔らかい感じのものにする」といったように，読み手を大切にした仕上げをすることができます。

色づかいや書体の工夫は，隣の席の子などと自分の意図を伝え合い，意図が伝わりそうかどうか相互評価をしながら，完成させていくことが大切です。

色づかいや書体は，工夫していくとどんどん楽しくなり，たくさんの色が使われ過ぎていて見づらい，書体がたくさんあって読みにくい，といったことが起きがちです。客観的に見てもらいながら，統一感のある紙面になるようにしていきます。

②手に取ってもらい感想をもらう

完成したリーフレットは，印刷して，保護者の方に読んでもらい，つくってみたいと思ったかなどの点について感想をもらいます。学級通信などであらかじめその旨を伝えておくと，協力が得やすいでしょう。

タブレット端末等で制作すると，見栄えのよいものができることの他に，もう１つよいことがあります。それは，共有のフォルダに入れることで，印刷しなくても他の子がつくったものが見られて，工夫を学べることです。

7 「プレゼンテーション」の指導のポイントと指導例

指導のポイント

(1)「プレゼンテーションソフトならでは」を意識させる

小学校の学習指導要領，及びその解説には「プレゼンテーション」という言葉は登場しません。中学校では第２学年の「話すこと・聞くこと」領域の「表現・共有」の項目の解説の中に「資料や機器を用いるとは，話の内容に関する本，図表，グラフ，写真などを含む資料，コンピュータのプレゼンテーションソフトなどのICT機器を必要に応じて使うことである。資料や機器を用いるのは，話の要点や根拠を明らかにしたり，説明を補足したり，中心となる事柄を強調したりするなど，聞き手に分かりやすく伝えるためである」と書かれています。ここには，プレゼンテーションソフトを使う目的が端的に示されています。

資料や機器を使うことだけ考えれば，新聞形式にまとめたものを発表したり，ポスターにまとめたものを発表したりしてもよいわけです。プレゼンテーションソフトを使うのには，他とは違うよさがあるからです。活動に入る前にまず，「プレゼンテーションソフトならでは」を意識させることが必要です。

(2) 集めた情報を意図的に組み立てる

集めた情報をプレゼンテーションソフトに載せていく前に行うのが，情報の整理と組み立てです。

プレゼンテーションソフトの場合，作成した後，スライドの順序は変えられますが，「まずはこんな流れで」というものをつくることが必要です。

(3) 1枚のスライドに入れる情報は精選する

調べた内容が充実してくるほど，1枚のスライドに入れたい情報量は多くなります。

しかし，1枚のスライドに，細かな字でたくさん書かれたものが提示されると，その内容がどれほどすばらしいものでも，発表を見ている人には伝わりません。

1枚で1つのことを言うつもりで制作することが基本です。

(4) アニメーションの効果的な利用

プレゼンテーションソフトには，新聞発表やポスターセッションではできない発表の効果がいくつかあります。

その1つが，アニメーションです。

アニメーションをつけることによって，発表に変化をつけることができ，聞き手を飽きさせず，発表することができるのはもちろんのこと，意図的にアニメーションを使用することによって，発表者の意図を効果的に聞き手に伝えることができます。

(5) 聞き手を巻き込む演出

プレゼンが完成すると，もう発表の準備はできたような気がします。

しかし，いくら変化をつけた楽しいプレゼンが準備できても，その伝え方がたどたどしかったのでは，伝えたいことはなかなか伝わりません。

つっかえたり，小さい声になってしまったりすることなく，自然に話せるように練習することが必要になります。

そのうえで，プレゼンテーションソフトならではの機能を使い，聞き手を巻き込んでいけるようになるとさらによいでしょう。

アニメーションや，画面の切り替え等を効果的に利用しながら，聞き手参加型のプレゼンを行えると，楽しみながら，伝えたいことが伝わります。

指導例

(1)「プレゼンテーションソフトならでは」を意識させる

①どのように伝えたいのかを意識する

プレゼンテーションソフトという名称が学習指導要領の解説に登場するのは中学2年ですが，資料を活用してスピーチをしたり，文章だけではなく，図表を用いて書いたり，図表の含まれた文章を読み取ったり，といった資料活用に関する力は小学5，6年でも求められるものです。このような資料活用の力をつけるための活動を展開するためには，プレゼンテーションソフトが大変便利です。1人1台端末が普及した今，各自が自分の机でプレゼンテーションソフトを使用することができます。「話すこと・聞くこと」だけではなく，資料を活用する様々な領域でプレゼンテーションソフトの活用を図ることができます。その際，「何を」発表したいのかということとともに，「どのように」発表したいのかという意識をもたせることが，プレゼンテーションソフトの効果的な活用のためには必要です。

②他のツールと比較する

プレゼンテーションソフトならではの発表を意識させるためには，他の発表ツールと比較することがわかりやすいです。例えば，大切にしていきたい日本文化について，教師が新聞形式にまとめたものの発表とプレゼンテーションソフトを使った発表を比較させます。

それぞれのよさを述べさせると，新聞は発表を聞き逃しても文字が残っているので読めるところがよい，プレゼンテーションソフトは文字は残っていないけれど印象が強いといったことがあげられます。

また，伝えたいことがはじめから聞き手に見えていないようにすると，話し手が問いかけ，聞き手が答えるといったような双方向のやりとりが行えるというプレゼンテーションソフトの機能のよさもあげられます。

(2) 集めた情報を意図的に組み立てる

①つながりをつくって並べる

どうやってプレゼンをつくったらよいかなどの助言をし合うには，グループやペアでの学習形態は効果的ですが，フリー・ライダー（他の子の学習成果にただ乗りする子）の出現を防止し，一人ひとりにしっかりと力をつけるためには，基本的な活動単位は個人にするのがよいでしょう。１人１台端末が普及することによって，個人で端末を操作する時間もたっぷり保証できるようになりました。例えば，学習発表会に参観に来た保護者を対象にして，各自で調べた伝統芸能について発表し，我が国の文化について理解を深めてもらうという活動の場合，子どもはまず，歌舞伎，能，狂言，落語など自分が調べたい伝統芸能を決めて，どのようなものがあるか，歴史はどうなっているのか，その始まりは何か，現在はどうなっているのかなどを様々に調べます。調べた後は，スライドをつくる前に，展開の仕方を考えることが必要になります。筋道立てて伝えるには，大きく４つのパターンの並べ方ができます。１つはだんだん具体化していくパターン，２つははじめに述べたことと後に述べたことを比較して考察するパターン，３つははじめに変化の前，次に変化の後を述べ，その後変化の原因を述べるパターン，４つは具体的なことをまとめて抽象化するパターンです。これらのパターンを組み合わせて，聞き手が興味をひかれ，わかりやすいと感じるようなつながりを考えたうえで，スライドをつくって並べます。

②並べた後で組み替える

筋道立てて並べたつもりでも，スライドショーを行ってみると，つながりがしっくりいかないところは必ず出てきます。隣の席の子とペアになって相互評価をしてみたり，自己評価してみたりして，並べ替えや加除修正を行って磨いていくと，質の高いプレゼンテーションができていきます。

(3) 1枚のスライドに入れる情報は精選する

①1枚で1つのことを伝える

右は，歌舞伎の「隈取り」についての説明をしたスライドです。

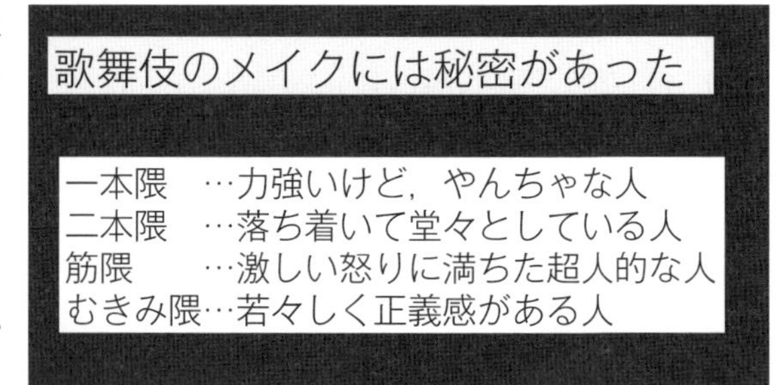

上のスライドでは，４つの隈取りのパターンを取り上げていますが，文字ばかりでやや見にくい印象があります。

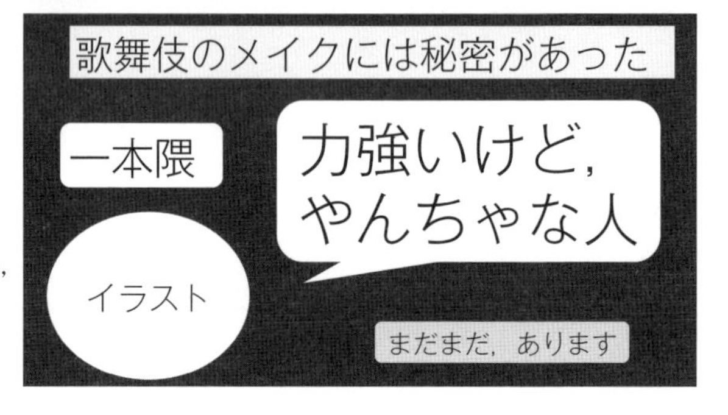

一方，下のスライドは，１つの隈取りのみを取り上げているのですが，隈取りをした顔のイラストを入れ，文字も大きいので，見やすく，わかりやすくなっています。

このように，たくさんのことを言いたい場合には，１枚あたりの内容は少なくして，スライドの枚数を増やすようにします。

②ブリッジになる言葉を入れる

発表の際には，自分で話をしながら，スライドを展開していくようになります。リズムよく話をしていける方が，話をする方も気持ちがよいですし，聞いている方も聞きやすいです。そのために，スライドに，次のスライドにつなぐブリッジになる言葉を入れておく方法があります。例えば，隈取りのスライドであれば，「まだまだ，あります」などと入れると，話を展開しやすく，聞き手の興味をひくことができます。

(4) アニメーションの効果的な利用

①情報は少しずつ示す

アニメーションと聞くと，絵が動くことをイメージしがちですが，プレゼンテーションにおいての意味はそうではありません。見てほしい情報に注目させるためにあります。

１つの画面に同時にいくつもの情報を示し，順に説明していくと，耳から入ってくる情報と目から入ってくる情報量に差が出るため，説明したいことに対する理解を得るのは難しいです。

しかし，最終的に情報量は増えても，説明されている内容と，画面に示されている内容とが対応していると，聞き手は非常に内容を理解しやすくなります。

新聞やポスターでは，このように情報をコントロールして示すことは不可能です。プレゼンテーションソフトを使った発表ならではの特長です。

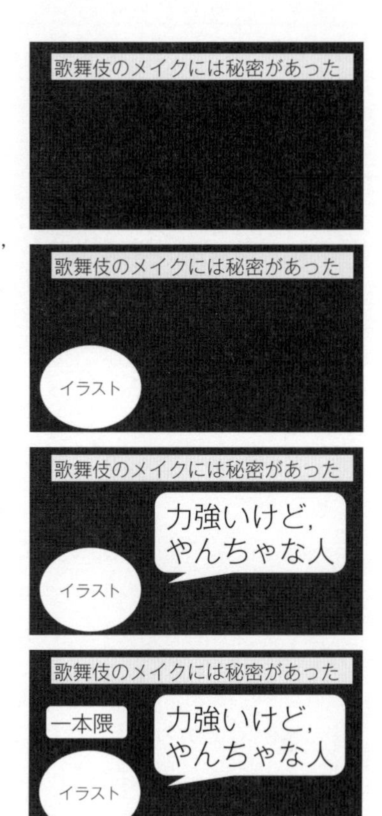

②過度な演出は不要

プレゼンテーションソフトには，様々なアニメーションの機能がついています。使い始めるとあれもこれもとやってみたくなります。しかし，あまりしつこいアニメーションが入っていたり，１つの発表の中で異なるタイプのアニメーションが入っていたりすると，聞き手の注意が削がれるため，逆効果です。シンプルなものを，基本的には１種類だけ使うのがよいでしょう。

(5) 聞き手を巻き込む演出

①聞き手を見てすらすら話せるよう練習する

発表に向けたスライドをつくると，発表の準備は完成したような気になります。

しかし，プレゼンテーションソフトを使用した発表は，制作したスライドを活用して，スピーチをしていくわけですから，準備はまだ半分しかできていないということになります。

スライドができた段階で発表の準備が終わったと思って満足している子に，まだ，完成していないと思わせるためには，完成したスライドを使用して，隣の席の子にプレゼンテーションをさせてみるとよいでしょう。

よほど慣れている子でない限りは，たどたどしい話し方になったり，途中で説明が止まってしまったりして，うまく説明が展開していきません。

せっかく丁寧につくったスライドを使って，わかりやすく，楽しく説明するためには練習をする必要があると子どもが自覚できたら，スライドを使いながら発表をする練習をします。

スライドにある内容だけでは話をする際に心許ないという子には，プレゼンテーションソフトにある「ノート」等に原稿をつくらせてもよいのですが，ノートを見ながらの発表は，視線が端末の方を向いてしまうので，基本的には原稿はつくらず，聞き手を見て話せることが望ましいです。

②指示を出し，集中させる

すらすら話せるようになったら，聞き手を巻き込めるように工夫していきます。子どもたちにどんな工夫ができるか尋ね，一緒に考えていくとよいでしょう。ここでは２例を紹介します。

１つは，指示を出して集中させるという方法です。

例示している歌舞伎の隈取りについてのプレゼンでは，途中で，「一本隈」の隈取りをしたイラストを示します。

イラストを示して，「イラストの顔に注目してください」というように指示を出すと，聞き手は自然にイラストに注意を向けます。

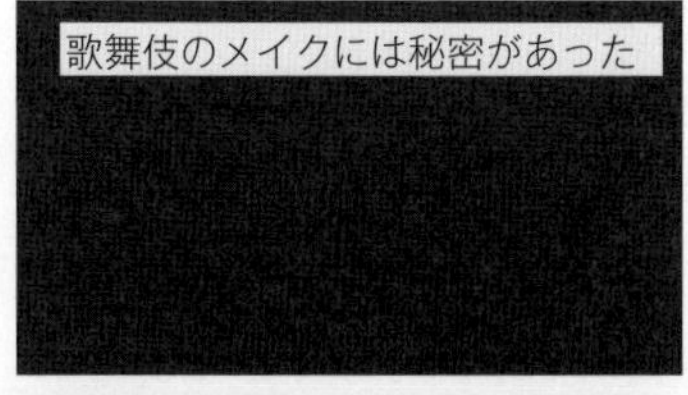

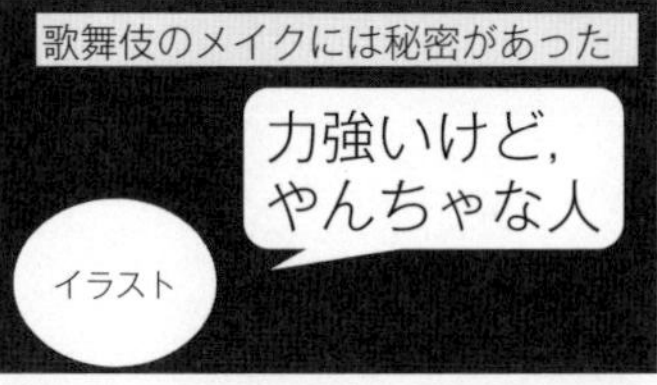

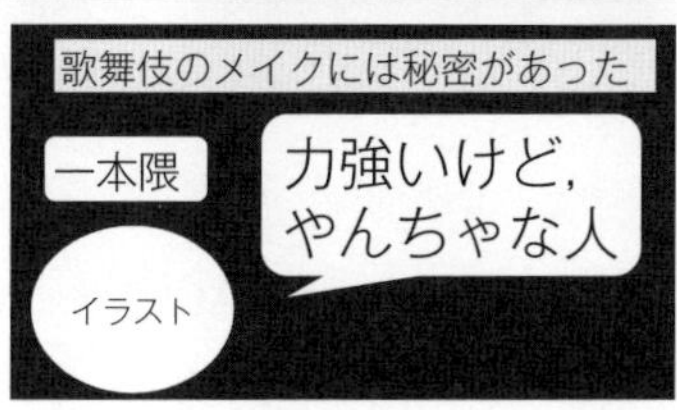

③問いかけ考えさせる

もう１つは，問いかけを入れて，答えられるところは答えてもらうものです。

問いかけには２種類あります。

１つは問題意識を共有するためのものです。例えば「どんな秘密があったのでしょうか」という問いかけです。この場合の問いかけは，それに対し回答したい人がいれば指名することもできますが，問題意識を共有してもらうため，聞き手の意識を方向づけるためのものです。

もう１つは答えを求めるものです。「どんな名前のメイクだと思いますか。ヒントは，顔に書かれている線の数です」という問いとヒントは，参加者に答えを求め，より発表に参加してもらうためのものです。

プレゼンテーションソフトを使った発表は，このように話し手と聞き手のやりとりをしながら行うことができる特性があります。聞き手参加型の発表をつくることで，話し手，聞き手の両方が楽しめます。

8 「新聞」の指導のポイントと指導例

指導のポイント

(1) 多面的な取材をする

新聞づくりは，小学校の学習ではよく行われている印象の強い言語活動ですが，学習指導要領の「書くこと」領域では，第3，4学年の解説に「事実やそれを基に考えたことを書くとは，自分の考えと，それを支える理由や事例としての事実との関係を明確にして書くことである。このようにして書かれた文章については，例えば，学級新聞や小冊子，リーフレットなど，日常生活で目にする形式にまとめることも考えられる」とあるだけです。

例示されているのは学級新聞ですが，歴史人物新聞や修学旅行新聞など，小学校では新聞づくりをする機会は多くあります。国語で新聞づくりをするときには，できるだけ個人単位で新聞をつくり，新聞のつくり方そのものに対する理解を深められるとよいでしょう。

では，どういったことを伝えるのに新聞が適しているかと言えば，様々な話題を１つの紙面にまとめたい場合があげられます。単元のはじめに報告文と比較するなどして，この題材は新聞でまとめることが適しているという意識をもたせたいところです。

(2) ICT をフル活用する

従来の新聞づくりは，特に実際に記述を進めていく段階において，非常に手間のかかる活動でした。小さなマス目に文字を丁寧に書くことをはじめとして，子どもが煩わしさを感じる活動が多かったのですが，それらはタブレット端末等で一掃されました。積極的に ICT を活用しましょう。

(3) 事実と意見を混ぜない

新聞は事実と意見を混ぜないことが原則です。この特性があるので，第３，４学年の「書くこと」の指導事項ウの「自分の考えとそれを支える理由や事例との関係を明確にして，書き表し方を工夫すること」の指導に適していると言えます。

教科書会社により，記事の中に思ったことも入れているものや，思ったことは「コラム」の中に入れているものがあり，状況は様々ですが，新聞という形式を使うのであれば，コラム以外は，記事の中に事実と意見を混在させないという指導が望ましいでしょう。

(4) リード文・見出しで要約と興味づけを

学習指導要領「書くこと」の第３，４学年の指導事項イには「書く内容の中心を明確にし，内容のまとまりで段落をつくったり，段落相互の関係に注意したりして，文章の構成を考えること」とあります。

ここで記載されている「書く内容の中心を明確に」することが，見出しやリード文の指導とつながります。

見出しもリード文も，記事で書かれていることを短くまとめるという点では同様ですが，内容は大きく異なります。

リード文は，取材したことを５Ｗ１Ｈで要約したものです。

新聞も一般紙の場合のリード文は，基本的に５Ｗ１Ｈで概要を述べている場合が多いです。

見出しや小見出しは，記事の概要を端的に述べている場合が多くありますが，体言止めが使われ，締まりのある文体になっていることが多いです。

また，いわゆる「大見出し」「中見出し」「小見出し」のように，１つの記事に見出しが複数見られる場合もあるので，それぞれの役割を押さえることも必要です。

以上は，実際の新聞を見せて，子どもに気づかせていきたいところです。

指導例

(1) 多面的な取材をする

①新聞の特長に気づかせる

「自分の住んでいる地区のよさをクラスの友だちに伝える」という活動例で話を進めます。

伝えたい内容を子どもたちに尋ねると，「楽しいすべり台のある公園がある」「おもしろいおばちゃんのいる駄菓子屋がある」など，様々な意見が出されます。

そこで，どのような形式で伝えると，自分の住んでいる地区のよさが友だちに伝わるかを考えさせます。このときに，すでに学んでいる観察記録や報告文などの文種を子どもたちから出させます。

すると，「報告文は１つのことについて詳しく調べて書くけれど，自分の住んでいる地区のよさはいくつもあるので，報告文は向いていない」といった意見が出されます。次に，よさをいくつも知らせるのにはどのような形式がよいのかを考えさせ，新聞がそれに該当することに気づかせます。

そうしたら，教師が用意した新聞を見せ，実際に新聞全体にしても，各面にしても，複数の内容が載せられていることに気づかせます。リーフレットやパンフレットも同様ですが，今回は，文章中心で伝えることや，あとで壁に貼っておけることなどの理由を示し，新聞形式を選択していきます。

②取材の観点と方法を共有する

新聞にするということが決まったら，取材の観点と方法を詳しく決めていきます。

自分の住んでいる地区紹介であれば，同じ地区の子ども同士で集まって，地区のどんな点について取材するか，どうやって取材するかなどを相談すると，１人で考えるよりも，豊かなアイデアが生まれます。

(2) ICT をフル活用する

①割りつけは端末で

取材を進めていく前にまず仮の割りつけを組みます。右に示した新聞では，大きな記事を2つ，インタビューや，大きな記事ではないけれど，とっておきを伝えるための囲み記事を1つ，コラムを1つ入れるという割りつけを，PowerPoint を使って組んであります。

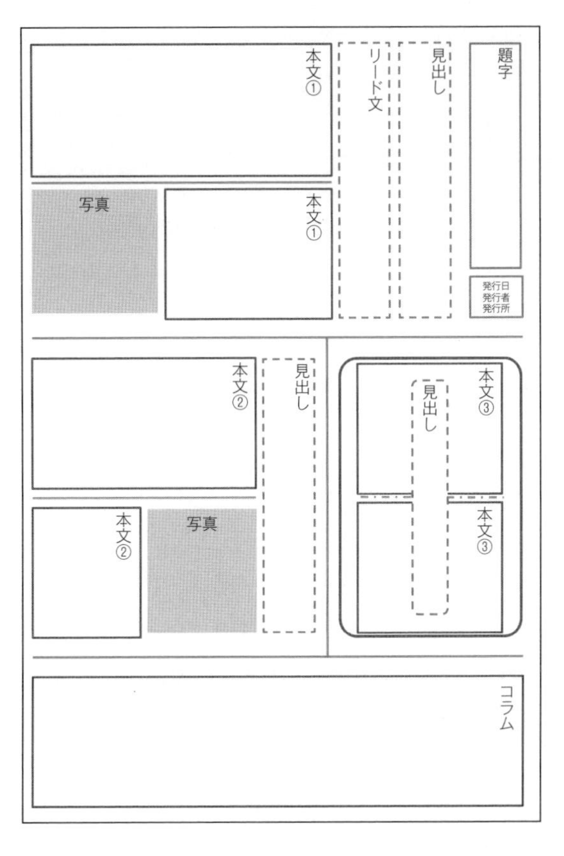

調べたいことを位置づけると，たくさん調べたいことがあっても新聞に書けることはそれほど多くはないので，絞って深く調べる必要があることがわかります。また，どんなことについて写真を撮る必要があるかもわかります。

②写真撮影，インタビューも端末で

取材の際の写真撮影もタブレット端末等で行い，端末に保存しておきます。また，インタビューの際は了承を得たうえで，動画を撮っておきます。そうすると，後で内容をまとめるときに活用できますし，取材を受けた側が了解すれば，写真を載せることもできます。

(3) 事実と意見を混ぜない

①取材メモの様式をひと工夫する

記事を事実と意見を混在したものにしないためには，取材メモの段階からそのことを意識しておく必要があります。

「　　　　　　」取材メモ

取材したもの	くわしい様子 (いつ・どこ・だれ・何・なぜ・どのように)	思ったこと

そこで，取材メモの記入欄を，事実（くわしい様子）を書く項目と，思ったことを書く項目に分けます。

中には，はじめのうちは，書きたいことが事実なのか，思ったことなのか区別がつきにくいという子どももいるので，取材に入る前に，事実とは何か，思ったことは何かといったことを，例えば「いちょうの葉が黄色く色づいていた」「いちょうの葉がきれいに色づいていた」の２つの文を示し，どちらが事実の文でどちらが思ったことの文かを考えさせるといったように，モデルを使うなどして押さえる必要があります。

②思ったことはコラムに入れる

取材メモの内容を新聞に書いていく際，記事には「くわしい様子」を書き，コラムには「思ったこと」を中心に書きますが，それだけでは何のことかわからないので，コラムにも「くわしい様子」の内容を入れ込みます。

(4) リード文・見出しで要約と興味づけを

①リード文で要約を

記事の本文の書き方は，大きく２通りあります。

１つは，取材対象を５Ｗ１Ｈの観点から見て，最も興味をひかれたこと，自分にとって大切なことから書いていく方法です。

もう１つは，抽象的なことから書き始めてだんだん具体的なことを書いていく，時間の経過に従って書いていくなど，筋道立てた思考を使って書いていく方法です。

複数の書き方を提示し，集めてきた記事の特徴や，その子にとっての書きやすさという点から考えさせ，子どもに選択させていくと，書きやすいでしょう。

リード文は，記事の本文を書き，内容をよく読んでから書くことが必要です。本文の概略を，５Ｗ１Ｈに沿って述べるということがリード文の基本的なスタイルですが，特に自分が興味をひかれたことを書くというスタイルの本文では，本文中から５Ｗ１Ｈの要素が抜け落ちている場合があります。そのような場合，読み手の理解を支えるのはリード文になります。

記事本文，リード文が書けたら，隣の席の子等と相互評価を行い，内容が理解できるかについて確認し，助言し合うことが必要です。

②見出しで興味づけを

新聞を読むときに真っ先に目に入ってくる文字は見出しです。読み手が，おもしろそう，読んでみたいと思えるものにすることが必要です。

例えば，「つつじヶ丘公園」とか「つつじヶ丘公園について」といった見出しでは読みたい気持ちを喚起できません。どんな見出しなら読んでみたいかを話し合わせたり，実際の新聞の見出しを見せたりして，文字数は少なく，記事の内容を端的に表したり，記事の内容をほのめかしたりして読み手の興味をひく見出しを探ってから，各自で考えさせます。

9 「短歌・俳句」の指導のポイントと指導例

指導のポイント

(1) テーマを広げる

短歌・俳句を書くことは，第５，６学年の言語活動として例示されています。学習指導要領の解説には「伝統的な定型詩の特徴を生かした創作を行うことによって，七音五音を中心とする言葉の調子やリズムに親しみ，凝縮した表現によって創作する活動として例示」とあります。豊かに表現する力を高めるための言語活動であると捉えられます。短歌は31音，俳句は17音を基本としていますが，この短い文字数の中で如何に豊かな表現ができるかがポイントです。

俳句には季語が必要になりますが，短歌には必要とされません。季語は歳時記に載っていますが，小学生の場合には，歳時記には載っていなくても，自分が季節感をおぼえるものであれば季語の役割を果たす言葉として俳句に読み込むことの方が，豊かな感性や表現力につながると思われます。

短歌・俳句を創作するための第一歩は，テーマをもつことです。せっかくつくるのですから，多様なテーマが表れると楽しいでしょう。

(2) 言葉を広げる

各自のテーマが定まったら，テーマに沿って，言葉のイメージを広げていきます。ここで，どれだけ広く，あるいは詳しく，言葉のイメージを広げていけるかが，彩り豊かな短歌・俳句をつくるための決め手です。

子どもたちに中心になる言葉から思いつくものをたくさんあげさせるためには，観点が必要になります。

(3) 言葉をつなぐ

中心となる言葉から連想するものが集まったら，それらをつないで，短歌・俳句をつくっていきます。

ここでは，五・七・五・七・七の形や，五・七・五の形になっていれば問題はありません。

この前の段階で，中心語から多くの言葉が連想されていると，この段階で言葉をつなげていくのはさほど大変ではありません。

いくつもつくっておくと，次の表現に工夫をする段階でも選択の幅が広がります。

(4) 言葉を彩る

とりあえず五・七・五・七・七の形や，五・七・五の形に言葉を配列することができたら，表現の工夫をします。

表現の工夫には大きく２通りあります。

１つは，言葉そのものを工夫するものです。

もう１つは，配列順の工夫をするものです。

少し工夫を入れるだけで，表現する世界がとても豊かになります。さらに，文字だけではなく，絵も入れると，作品が一層楽しいものになります。

(5) 言葉に学ぶ

完成したら，お互いの作品を鑑賞する時間を設けます。

短歌や俳句は短いので，各自が全員の作品を読むのには，さほど時間はかかりません。

友だちの作品を読んだら，必ず，感想を伝えるようにします。

自分の作品のよさを認めてもらえば，子どもは満足感をもち，「またつくってみようかな」と思います。他の子の作品から学んだ言葉や表現も，次の作品に生きてきます。

指導例

(1) テーマを広げる

①クラス人数分のテーマを

短歌・俳句ともに学習指導要領でねらっているところは同様であり，つくり方の共通性も多いので，以下は，基本的には俳句の創作の指導に関して述べていきます。

まず，子どもたちに大きなテーマを示します。例えば「春」。子どもたちには，「春」から思い浮かぶ具体的なテーマを尋ねます。目指すのは，クラス全員分の具体的なテーマが出されることですが，子どもは「春」の俳句というと「桜」とか「たんぽぽ」などの言葉から俳句をつくりがちです。しかし，友だちとテーマが重なると，どうしても同じようなことを描いた作品が多くなってしまいます。少しの違いでもよいので具体的なテーマを一人ひとり別のものにすることで，多様な作品が生まれる可能性が高くなります。

ただ，30人在籍しているクラスの場合，具体的なテーマを30通り出させるのは容易ではありません。まず，各自で「春」から思いつくものを５つ程度考えさせます。そのときに，食べ物，行事，植物，スポーツ，服装など，観点を設定すると考えやすくなります。

②好きなテーマを選ぶ

テーマがたくさん出てきたら，その中から各自が１つずつ自分のテーマを選択していきます。

クラスの人数分のテーマが出ているのなら，各自，違うテーマで作品をつくれるようにしたいものです。そのために，まず希望者の多い言葉からじゃんけんをして勝った子が選んでいくという形をとって決めていきます。

最後の方になってしまう子が，「どうしてもこの言葉では無理」となったら，これまでに決まった言葉でもよいというように柔軟に対応します。

(2) 言葉を広げる

①五感で言葉を広げる

具体的なテーマが決まったら，そのテーマから言葉を広げていきます。

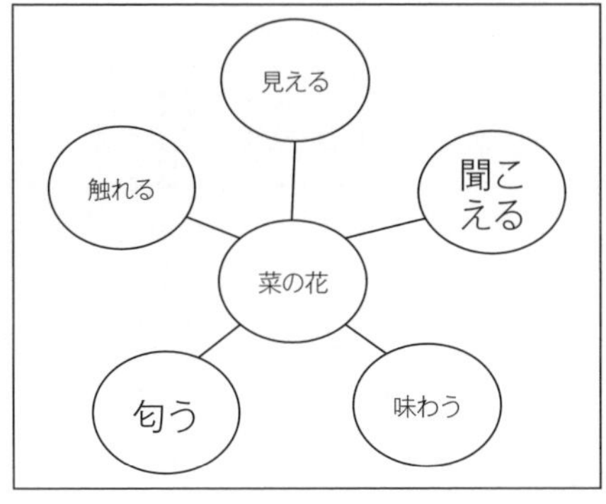

しかし，中心語から思い浮かぶ言葉を広げていくよう指示するだけだと，子どもによっては，何を書いてよいのかわからないという状況に陥ってしまうことがあります。

そのようなことにならず，言葉を広げていくために2つの方法があります。その1つが，五感で言葉を広げる方法です。五感を観点にすることで，対象のイメージが多面的に具体化されていきます。

②5W1Hで言葉を広げる

もう1つは，5W1Hで言葉を広げるものです。

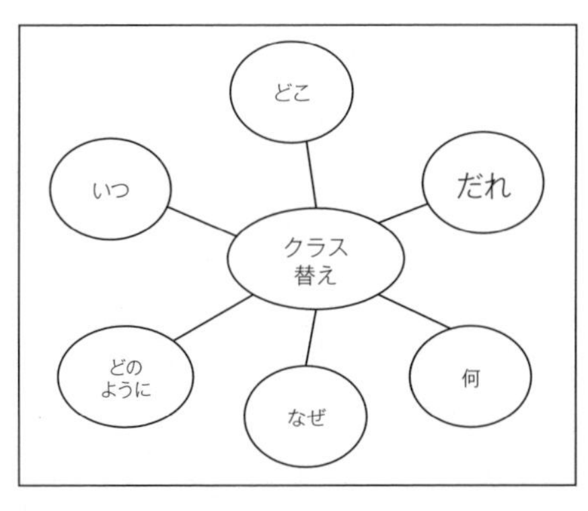

「菜の花」のような静物の場合，五感で言葉を広げる方法がやりやすいですが，「クラス替え」「入学式」のような動きのあるものの場合，5W1Hで言葉を広げる方法がやりやすいでしょう。

とはいっても，実際に子どもが取り組んでみて，やりやすいと感じた方法で言葉を広げていくのが一番です。また，1つの方法でやってみたら，もう1つの方法でやってみると，いっそう言葉が広がります。

③オノマトペで言葉を広げる

五感や５Ｗ１Ｈで言葉を広げたら，豊かな表現が生まれるための活動をしていきます。

そのための方法は大きく２つです。

１つは，オノマトペを入れることです。オノマトペは頻繁に使うと幼稚な感じになってしまうことがありますが，工夫したオノマトペをワンポイント入れることで，表現に柔らかさや個性が生まれます。ここでいくつかオノマトペを考えておき，必要に応じて作品をつくるときに取り入れていきます。

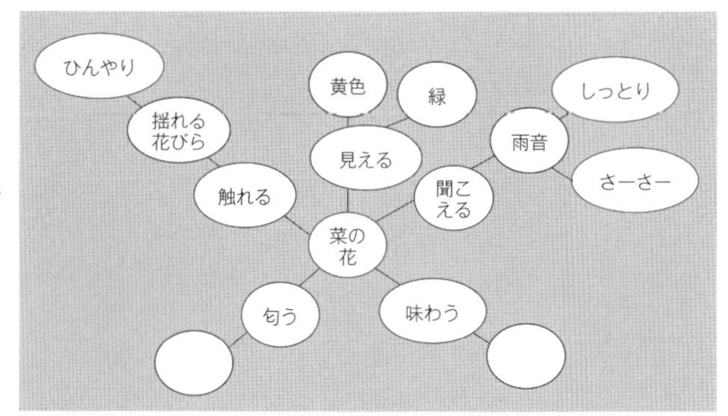

④比喩で言葉を広げる

言葉を広げるもう１つの方法は，比喩を使うことです。

イメージを広げた語に直喩や隠喩を使って，修飾します。

また，擬人法を使った比喩も楽しいものです。

俳句は一見関係のない言葉をつなげることもおもしろさの１つです。比喩を考えることで，それが可能になります。

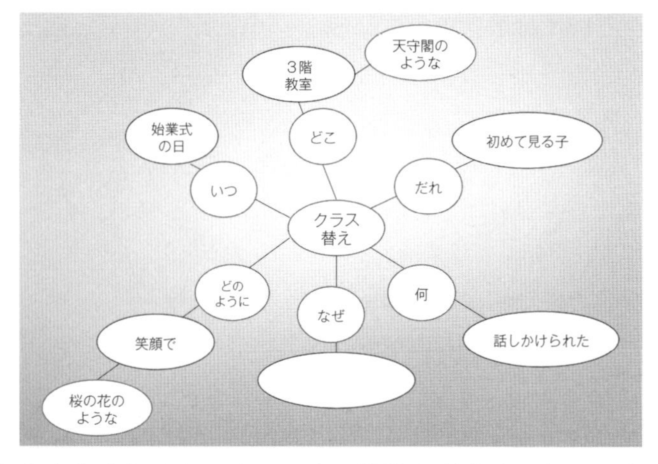

(3) 言葉をつなぐ

①形式に合わせてつなげる

連想が広がったら，形式に合わせて言葉をつなげてみます。

言葉を広げてあるので，だれもが円滑に取り組めるような気がするのですが，はじめてやるときには，なかなかできない子もいます。

五音，七音のリズムで言葉を刻んでいくことは，不自然なことではなく，本来心地よいものですから，慣れると，さほど時間がかからずに俳句の形式で言葉をつなげることができます。

しかし，まだコツをつかめていない段階では，だれもが俳句の形式で言葉をつなぐことができるようにサポートする必要があります。

その１つが，モデルを示すことです。

イメージを広げる段階でも教師のモデルを示し，それを一斉指導の形で全員で考えてみることで，連想しやすくしますが，同じように，教師のつくったイメージマップを使い，一斉指導の形で１つつくってみます。

このようにすることで，基本的な俳句のつくり方の理解を促したり，イメージマップにまとめたものを俳句に変換していく方法の理解を促したりしていくことができます。

それでも個人追究になったときになかなか言葉がつながらない子もいるので，ときどきペア学習を入れて，お互いに助言し合うようにします。

②たくさんつくってみる

子どもたちの多くは，言葉をつなげたものが１つできると，その後は多くの時間を必要とせず，いくつもつくることができるようになります。

どんどんつくらせていけばよいのですが，まず１つできたら教師に見せに来させます。このときに，教師はプラスの評価をすることが大切です。はじめに見せに来た子への称賛は，その子だけでなく，クラス全体の学習の主体性につながります。

(4) 言葉を彩る

①俳句そのものを彩る

作品を仕上げる段階です。

子どもたちには，俳句の形式で言葉をつなげることができるようになりとてもがんばってすばらしいものになってきたというように，これまでの取組を称賛します。そのうえで，せっかくすばらしい一句ができてきたので，最後に仕上げをしてみることを投げかけます。

このようにして，活動の意味づけをした後，俳句にもうひと工夫していきます。

言葉を広げる活動として，オノマトペや比喩を使ってきました。言葉をつなげる段階で，それらのレトリックを使っている子もいますが，まだ使ってみていない子には，この段階で使うことができるか考えさせ，挑戦させます。切れ字（や，かな，けり）を教え，自分の伝えたい中心となる部分に切れ字を使うことを勧めたり，切れ字を使うことで，文語的な雰囲気が生まれることに気づかせ，俳句を文語的に演出するものとして切れ字を使うことを勧めたりします。さらに，多くの子がはじめにつくる俳句は，動詞・形容詞がおしまいの５字（下五）に来て，一般的な短文のようになっている場合があるので，倒置法により，はじめの５字（上五）と下五を交換することで俳句が引き締まったり，余韻が生まれたりすることにモデルを示して気づかせ，子どもたちにも使ってみることを勧めます。

②作品を彩る

このようにして完成した作品は，Ａ４判程度の大きさの白い紙にペン，あるいは毛筆で書かせます。

これだけでも立派な作品となりますが，さらにもうひと工夫で俳句の作品世界を表した絵（イラスト）を添えます。イラストは色鉛筆などで着色します。こうすることで，作品が明るいものになります。

(5) 言葉に学ぶ

①全員の作品を読み，感想を伝える

完成した作品は，作品ケースに入れるなどして掲示すると，教室が豊かで楽しい言葉に包まれます。

同時に，一人ひとりの作品を読み，感想を伝え合うことも大切にしたい活動です。

友だちの作品には，自分が使っている語彙とは異なるものがあったり，自分にはない感性があったりするものです。一方で，強く共感できるものもあります。

このようにして，友だちの作品から学んだことを言葉にして伝えることで，自分の学びを意識づけて，整理することができます。また，感想を聞く側にとっては，自分の作品に対する温かな感想を聞くことで，つくってよかった，伝わってよかったという満足感につながり，また，やってみたいなという意欲につながります。

配慮点としては，大ざっぱな感想にならないようにすることです。そのためには，友だちの俳句の一部を引用してそこからどう思ったかを述べるということを指導するとよいでしょう。

②保護者に伝える

子どもたちがつくった作品は，学級通信にも掲載します。当然のことながら，全員分掲載します。保護者にとっては，自分の家の子ばかりではなく，クラスの様子はどうなっているのかは折に触れ知りたいところですから，このような一人当たりの分量が短い作品は極力紹介すべきものです。学級通信には，俳句のつくり方を示します。そうすると，興味のある家庭は「うちでもやってみようか」ということになり，学校での取組が家庭に広がっていくことになります。また，子どもたちの作品全体に対する教師側の温かな評価も載せることで，教師の感性・考え方も家庭に示すことができます。

10「詩」の指導のポイントと指導例

指導のポイント

(1) たくさん詩を読む

学習指導要領上，詩は「読むこと」領域の言語活動としては，第3，4学年，第5，6学年に位置づいていますが，「書くこと」領域の言語活動としては，第3，4学年のみに位置づいています。

学習指導要領の解説には「詩をつくる際には，凝縮した表現であること，普通の文章とは違った改行形式や連による構成になっていることなどの基本的な特徴を踏まえて，感じたことや想像したことを書くこととなる」とあり，テーマに沿った表現や構成の工夫が肝心であることがわかります。

表現や構成の工夫をするためには，詩にはどのような表現や構成の工夫があるのかを子どもが知ることがまず必要となります。

そのためには，たくさんの詩を読んでみること，そして，それぞれの詩にはテーマを表すために，どのような表現や構成の工夫が用いられているかを知ることが必要になります。

(2) パスティーシュ（模倣）で詩をつくる

様々な詩を読み，表現や構成の工夫を知ったら，すぐに自分で詩が書けるようになる子も中にはいますが，多くの子はすぐに書けるわけではありません。

そこで，まず行うのが，パスティーシュ（模倣）によって詩をつくるということです。楽しい詩の表現や構成を真似して詩をつくってみます。

(3)「詩の素」をつくる

表現や構成に工夫を凝らして，詩の形にする前に，「詩の素」をつくる必要があります。

大きく2つの方法があります。

1つは，短歌や俳句をつくるときのように，中心になる言葉を決めて，その言葉から思い浮かぶイメージを書き出していくというものです。

ただし，子どもたちは，「詩の中心になる言葉を決めたら，まわりにその言葉から思い浮かぶイメージを書きましょう」と指示をするだけでは，なかなか鉛筆が動きませんから，どんな観点でまわりに言葉を散りばめていくかを指導する必要があります。

もう1つは，日記や行事作文などを基にして詩に変換していくという方法です。

この後，表現技法を入れていく学習を行っていく中，何気ない日常が詩になったり，運動会などの行事が詩になったりするのは子どもにとっては楽しい活動となります。

(4) 表現・構成に工夫をする

詩にしたい言葉や，文章が定まったら，表現技法を入れ，連の構成をしていきます。

直喩，擬人法，オノマトペ，倒置法，反復，リズム等の表現技法を詩に入れていくことで，素朴だった詩に彩りが加わります。

はじめに読んだ詩の中から，使ってみたい表現技法を選び，自分の詩に使ってみます。このとき大切にしたいことは，表現技法を使う意図をもつことです。

読んだ詩を参考にして表現技法を使い，仕上げていく方法の他にも，表現の工夫が出来る方法があります。それは，「なぞなぞ」のような感覚で詩を書くという方法です。

指導例

(1) たくさん詩を読む

①教科書の詩を読む

詩をつくるには，まず，モデルとなるものを知る必要があります。

モデルとして最適なのは，教科書に掲載されている詩です。

教科書に掲載されている詩は，発達段階に合っているので，子どもたちにとってもテーマを捉えやすく，親しみやすいものです。

「読むこと」領域として扱われている詩を読み，テーマを捉えたら，表現技法や構成の工夫を学習します。

教材を１つ選び，直喩，擬人法，オノマトペ，倒置法，反復，リズムといった表現技法を見つけ，その効果について学習していきます。

このときに，例えば，反復表現が使われていなかったときと比べて，反復表現が使われていることでどんな感じが伝わってくるだろうかといった考え方をさせていくことで，表現の効果を感じ取り，説明し合うことができます。

②自分たちで詩集をつくる

教科書教材だけでは，参考にする作品が圧倒的に少ないので，教師は，図書館から教室に詩集を持って来ておき，事前に読ませておきます。谷川俊太郎や工藤直子，川崎洋といった詩人の詩集がおすすめです。子どもたちは，自分の気に入った詩をタブレット端末等に視写（入力）し，感想や使われている技法や効果についても簡単に書きます。

学級で１つの共有フォルダに入れていくと，詩集ができます。子どもたちにはお互いの選んだ詩を読ませ，情報量を増やしていきます。

(2) パスティーシュ（模倣）で詩をつくる

①一部分だけ真似をする

たくさんの詩を読んだ後，自分でも詩をつくってみようと投げかけると，子どもたちはすぐに取りかかろうとしますが，なかなかうまくいきません。そこでまず，一部だけ真似をして詩をつくっていく活動を行います。

例えば，谷川俊太郎の「生きる」のように，似た言葉が並んでいる詩は，模倣するのに適しています。「生きる」の第二連では，「美しいものに出会うこと」が連のテーマになっています。そこで，子どもたちにも同様の形式で１人１行ずつつくってみることを投げかけます。小学校中学年の子どもに「美しいもの」を見つける活動は難度が高いため，「楽しいこと」をテーマにして，「それは○○」という形になるようにして，「それはドッジボール」「それはおしゃべり」といったように１行ずつ考えていきます。

子どもたちが考えられたら，「生きているということ／いま生きているということ」の後に，子どもが考えたことを１つずつ並べていき，最後に「すべての楽しいことに出会うこと」で締めくくると，楽しく，簡単に作品が１つできます。

②テーマと表現を真似る

詩をつくることに難しさを感じることなく，楽しくできそうだという思いをもてたら，今度はテーマと表現を真似た形で詩をつくってみます。

工藤直子の「のはらうた」は，この活動をするのに適しています。

「『のはらうた』を読んで，自分たちも野原に暮らす生き物になって思ったことを言ってみよう」という共通テーマをもたせ，活動します。

詩をつくる前に，自分がなる生き物を決めることをはじめとして，性別，年齢，習性と個性を決めます。

こうすることで，詩の内容が個性的になってきます。完成したら，お互いの作品を読み合い，楽しみます。

(3)「詩の素」をつくる

①中心語からイメージを広げる

詩は，１つの言葉が様々な言葉とつながることで，読者に短い文章の中でも豊かな想像の世界をもたらしてくれるものとなります。

そのような詩をつくるためには，短歌や俳句をつくるときのように中心になる言葉を定めて，その言葉から浮かぶイメージを，その言葉の周辺に散りばめていくことがまず第一歩となります。

幅広くイメージを広げていくためには，イメージを広げていくための観点が必要となります。

観点として適しているのは，短歌や俳句と同じように，五感です。

子どもたちが観点を使ってイメージを広げていくために２つの方法を行います。１つは，全員で１つの言葉からイメージを広げていくことです。例えば「みかん」「りんご」といった言葉を中心に置き，一斉指導の中で，言葉を広げていきます。全員で行うときには，五感すべてかかわるものがその後の子どもたちのモデルとしては適しています。五感で広げていく際には，「…のようだ」といった直喩や，オノマトペ，擬人法で表現することも行っていき，表現の工夫にも少しずつ慣れさせていきます。もう１つは，グループで言葉のイメージを広げ合うことです。まず，各自で中心語を１つノートに書きます。そうしたら，ノートを回していき，思い浮かぶイメージを書き込んでいきます。自分のところにノートが戻ってくると，自分では思いつかないような言葉が書かれている場合があります。このようにして，友だち同士で言葉に対するイメージを広げ合います。

②日記や作文から詩にしたい文章を選ぶ

日記や，運動会，遠足について書いた行事作文も詩になります。こちらは，ストーリー性の強い詩をつくることができます。今までに書いた文章から詩にしてみたい文章を選びます。

(4) 表現・構成に工夫をする

①読んだ詩を参考にする

中心語を設定し，まわりにイメージを広げたら，その中から言葉をいくつか選び，つなげておきます。日記や作文から詩にしたい場合には，文章が手元にあります。

子どもたちには，自分がその「詩の素」からどんなことを表したいかを簡単に考えさせます。そのうえで，単元のはじめに集めた詩の中から，自分が表現したいことに合わせて，参考になりそうなものをピックアップさせます。

このとき，子ども一人ひとりの描きたいことに合わせて，詩の表現や連構成全体を参考にするというものから，反復やリズムなど使ってみたい表現だけを参考にするというものまで，参考にする幅を広くします。こうすることで，国語に苦手意識をもつ子にとっての難度も下がります。表現技法を参考にして，自分の表現に取り入れていく際には，テーマを表現するための効果として明確なものから，その技法を入れてみたら楽しいだろうなぁといったものまで許容します。ただおもしろそうだから反復表現を取り入れたら，思わぬ効果が生まれたというような意外性も大切にしたいところです。

②なぞなぞをつくる感覚で詩をつくる

もう１つの表現・構成の工夫は，なぞなぞをつくる感覚で詩をつくるものです。例えば，まどみちおの「ケムシ」は，詩だけを読むと何のことかと思いますが，題名を読むと納得します。

このように，題名を答えにしておいて，詩の文でヒントを出していくイメージで詩をつくっていくものです。中心語からイメージを広げた言葉を使っていくと，五感を使って多面的に対象を観察したおもしろい詩をつくることができます。「ぼくは…」のような一人称で発想し，表現していっても，楽しい作品ができます。

11「物語」
の指導のポイントと指導例

指導のポイント

(1) 物語の種をもつ

物語を書く言語活動例は，第１，２学年と第３，４学年に登場します。

第１，２学年の学習指導要領の解説には「簡単な物語をつくるとは，想像したことなどから，登場人物を決め，簡単なお話を書くことである。第１学年及び第２学年では，絵や写真から場面や登場人物の会話，行動を想像し，言葉を書き添えたり，お話をつくったりするなどの活動が考えられる」とあり，教科書にも，四コマ漫画が載っていたり，写真が載っていたりして，それらを制作のガイドとして想像を広げて物語をつくる活動が示されています。

このように物語の世界のベースになるものが示されていると書きやすいのですが，それが示されていないと難度は一気に上がります。

そういった場合には，まず，物語の種になることを想像する必要があります。テーマでもよいですし，ごく簡単なエピソードでもよいです。

(2) 設定を決める

「冒険」とか，「船が難破して無人島に漂着した人が助かった話」などのように物語の種をもつことができたら，育てていきます。物語の表現や構成を考えながら，想像の世界を膨らませていきます。

まずはじめにすることは，物語のはじめの段階での設定を決めることです。いつ，どこで，だれが出てくるのかを決めます。このとき，「昔，あるところに，若者がいた」という程度の大まかな設定にするのではなく，できるだけくわしく決めておきます。

(3) 構成を決める

はじめの設定が決まったら，物語の構成を決めていきます。

物語の基本的な構成は，「導入ー展開ー山場ー結末」，あるいは「起承転結」と言われる大きな四場面構成です。この四場面それぞれの設定とあらすじを考えていきます。

設定，あらすじは，書き始めは大まかなものを考えますが，書き込んでいくうちに，細かな設定やあらすじが想像されてくるので，それらを書き込めるようにしておきます。

(4) 表現の工夫をする

構成が決まったら，表現の工夫をしていきます。

ただし，この後の文章化のところで，さらに詳しい表現の工夫がなされていくので，この段階では，構成を考えている中で想像が膨らんできた登場人物の服装や情景などについて，メモ書きをしていくとよいでしょう。

物語の構成を考えていく段階で，想像は膨らんでくるものの，表現の工夫をするように指示するだけでは，何を書いたらよいかわからないという子も多くいます。

どんな点について書き込んでいくのかを具体的に決め出すことが，子どもたちの考えやすさにつながります。

(5) 文章化する

文章化する際にまず子どもたちに明示することは，枠組みです。

文章化する時間はどれくらいか，そして，記述する分量はどの程度かということです。

時間と記述量のサイズがはっきりしていないと，せっかくここまで足並みをそろえた学習をしてきたのが，一気に崩れてしまいます。サイズを決めたうえで，文章化する際のポイントの共通理解を図って活動を進めます。

指導例

(1) 物語の種をもつ

①参考作品を読む

以下，第３，４学年での実践を想定して述べていきます。

第３，４学年の学習指導要領の解説には「作家の創作による物語は，主人公やその他の登場人物がそれぞれの役割をもっていたり，冒頭部に状況や登場人物が設定され，事件とその解決が繰り返され発端から結末へと至る展開によって構成されていたりするなどの工夫がなされている。児童が物語をつくる際には，このような工夫を参考にすることも考えられる」とあります。第３，４学年の「書くこと」領域の指導事項には，「イ　書く内容の中心を明確にし，内容のまとまりで段落をつくったり，段落相互の関係に注意したりして，文章の構成を考えること」とあるので，物語の創作を通して，文章構成力をつけていくことを主なねらいとしていることがわかります。

従って子どもたちには，物語の文章構成を理解させたうえで，物語づくりに取り組ませる必要があります。そのためには，物語教材を読み，そこで構成を学ばせたうえで物語を書いていく活動にすると，子どもにとって取り組みやすいものになります。物語を読む単元の後に，物語をつくる単元を設定するとよいでしょう。

②物語の種を想像する

物語教材を読むことを通して，物語の構成を学んだら，物語づくりに入っていきます。まず，はじめに行うのは，「どんなお話にするのか」を決めることです。このとき，例えば，「『モチモチの木』のように，小さな子が勇気を出したお話を書こう」というように，直前に読んだ物語の世界を生かして書くという方法もあります。

またこの段階で，どのくらいの長さを書くかも明示しておきます。

(2) 設定を決める

①書きながら考えられる仕組みを

物語づくりは，書いているうちに想像が膨らんでいきます。

従って，考えたことをどんどん書き加えられるようなノートやワークシートが必要になります。

ただ，はじめに書いたことの後につけ足しをしていくのであれば，ノートやワークシートでもよいのですが，はじめに書いたことより前の部分に書き足したいという場合もあります。そのようなときには，ノートやワークシートだとはじめに書いたことを消しゴムで消して書き直す手間が生じます。

そこで，書き足したり，書き直したりすることが簡単にできるようにするために，タブレット端末等を活用して活動を進めます。こうすることで，子どもは新たに思い浮かんだことをどんどん書き加えていくことができます。

②観点をもたせ具体的に考えさせる

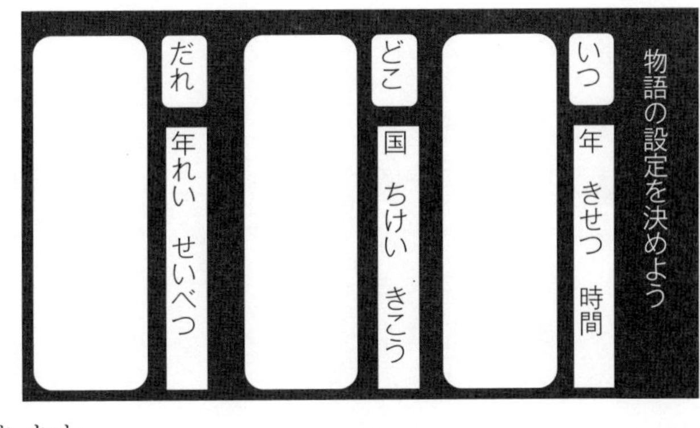

時・場所・人物の設定を考えていく際には，具体的に考えさせていく方が，子どもにとって楽しく，内容も豊かになります。

そのためには，具体化していくための発想をする観点が必要になります。

例えば「だれ」に関する具体的な観点を考えると，「年齢」「性別」や「性格」など様々なことが設定できます。後で変更してもよいので，できるだけ具体的に設定を考えておくと，物語の展開もより具体的に考えられます。

(3) 構成を決める

①4つの場面の性格を確かめる

まず，以下のように，基本的な4つの場面の性格を確認します。

導入（はじめ）…物語の始まりで，時・場所・登場人物の紹介
展開（な　か）…物語の出来事が起きる場面
山場（やまば）…物語の中心的な出来事が起きて解決する場面
結末（むすび）…中心的な出来事のその後の話

このようにして，4つの場面の性格を押さえます。

物語を読む学習の後，物語を書く学習にする読み書き複合単元を組んだ場合には，「読むこと」領域で扱った教材を使って，4つの場面の性格にあてはめて，各場面を一文で表してみます。そうすると，具体的に物語のどのような出来事などが4つの場面に適合するのかがよくわかるので，子どもが自分の物語をつくっていく際にも，4つの場面がイメージしやすくなります。

②設定とあらすじを決める

それぞれの場面の性格がイメージできたら，各場面の設定とあらすじを書き込んでいきます。

まず，導入場面の設定とあらすじを書きます。

ここでのあらすじは「～な○○は…している」のような一文で書きます。

物語の大きな基本スタイルは「はじめ～だった○○が◇◇によって…になった」という因果関係です。

導入場面では「～な○○は…している」の形で一文にすることで，中心人物のはじめの状況を思い浮かべられるように意図します。

次に，展開場面の設定とあらすじを考えます。ここでは「○○が◇◇によって…になった」「◇◇が…をした」のように，出来事の性格によって，い

ろいろなパターンでのあらすじを考えることができます。

山場のあらすじは，「○○が◇◇によって…になった」「○○が◇◇を…した」のように，因果関係が表れるものにします。

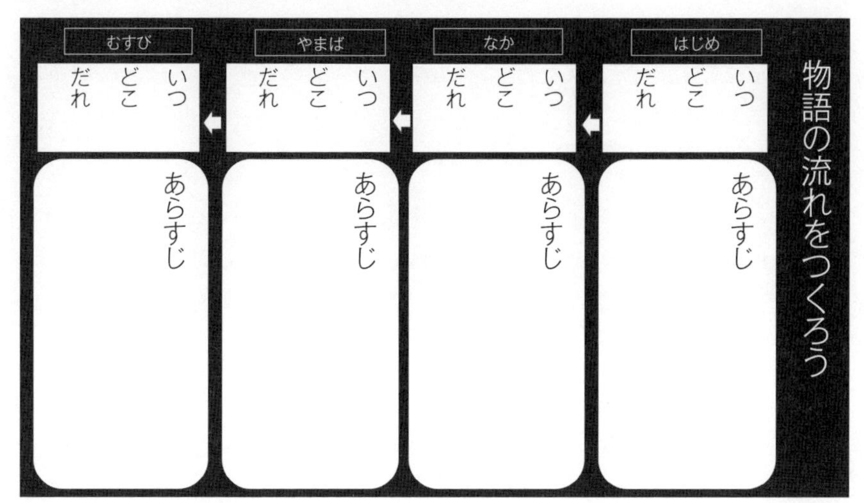

結末は，「○○は…になった」のようにして，山場の後，中心人物がどのような状態になったのかがわかるようにします。このように，物語の骨組みを決めることで，因果関係のはっきりした物語をつくっていくことができます。

③あらすじにつけ加えをする

各場面を一文で表していくうちに，子どもたちの想像も膨らんできます。想像が膨らんできた箇所から，設定やあらすじのつけ加えをしていきます。タブレット端末等を使うことで，各場面のあらすじを一文で書いた位置の前でも後ろでも，浮かんだことを書き込んでいくことができます。

実際の物語では使わなくても構わないので，この段階では，各場面のあらすじをたくさん書き足しておくとよいでしょう。書いている途中で，隣の席の子と見合う活動を入れると，お互いの書いたことが刺激になり，考えを増やしていくことにつながります。

(4) 表現の工夫をする

①どんな工夫ができるか考える

あらすじが完成したら，表現の工夫を入れていきます。

出来事が書かれた構成メモに，どんなことを書き足していったら物語に近づくかを子どもたちに考えさせます。このときも，物語教材を参照しながら考えさせると，子どもたちにとっては取り組みやすくなります。

表現の工夫として，まず出されるのは「会話文」です。

また，登場人物についての描写も，設定を考えるときにいったん意識していますが，物語の内容がだいぶ具体化してきたこの段階で，改めて，詳しく考えさせたいところです。登場人物についてどんなことを詳しくすると，人物のリアルさが増すかを子どもたちに尋ね，登場人物の服装や，服の色，それぞれの出来事の際の表情などの観点をあげさせます。

また，やや難しくはなりますが，以下のようなことも，表現の工夫として挑戦させてみると，表現力の向上につながります。

比喩………………表情などに「～のような」といった直喩を使う
情景描写…………登場人物の気持ちを景色で表す
心情の間接表現…登場人物の気持ちを行動やしぐさ，表情で表す

②構成メモに書き足していく

構成メモに書き足していくことの観点が決まったら，どんどん書き足していきます。このときに，あらすじを書いた箇所の文字のポイントを小さくすると，書き足すスペースを生み出すことができます。また，あらすじは黒，表現の工夫は青や赤のように色を変えると，構成か表現の工夫かの区別がしやすくなります。

(5) 文章化する

①まず枠組みを示す

物語を書く活動では，物語の世界に入り込み，たくさんの分量を書く子がいます。

そのこと自体はとてもよいのですが，クラス全体のペースと合わなかったり，同じような出来事を繰り返して書いて作品としてのおもしろみが失われてしまったりすることがあります。

そこで，文章化をする前に，分量の確認を再度します。３，４年生の場合，400字詰め原稿用紙に書くとすると，３枚程度が適切です。

また，分量だけではなく，文章化をするのに費やすことのできる時間も示します。400字詰め原稿用紙で３枚を書くとすると，２時間程度です。

タブレット端末等で打ち込んでいくと，途中で修正したい場合や挿入したい場合などに手間をかけずにできます。また，それぞれの作品を１つのフォルダに集めると，クラス全員でつくった物語集ができます。

②書いたものは読み合う

子どもたちが書いた作品は，必ず読み合う機会をとります。

タブレット端末等を使って作品をつくり，それを共有のフォルダに保存した場合には，自分の端末から，クラスの友だちの作品を手軽に読むことができます。

読み合わせをするときには，各自，読んだ作品に対する感想を必ず伝えるようにします。アナログな方法ですが，各自席にノートを用意しておき，作品を読んだらそのノートに感想と名前を書きに行くという方法が取り組みやすいでしょう。

12「随筆」の指導のポイントと指導例

指導のポイント

(1) テーマや大まかなエピソードをもつ

「随筆」は，中学校第１学年の「書くこと」の言語活動例に取り上げられています。

しかし，小学校第５，６学年の「書くこと」の言語活動例には，「ウ　事実や経験を基に，感じたり考えたりしたことや自分にとっての意味について文章に書く活動」が位置づけられ，学習指導要領の解説には「身近に起こったこと，見たことや聞いたこと，経験したことなどを描写しながら，感想や自分にとっての意味などをまとめて書く言語活動である。この言語活動は，中学校第１学年の随筆を書く言語活動につながるものである」と書かれています。小学校高学年になると，具体的な出来事から，その意味を抽象化していけるようになってきます。これは，子どもたちの心が成長していくために大切なことです。

従って，ここでは，中学校での言語活動につなげるという意味や，子どもたちの心の成長にとっての糧にするという意味で，随筆を取り上げます。

随筆を書くためにまず取りかかることは，テーマや大まかなエピソードをもつことです。日常の何気ないことに着目させます。

(2) 因果関係を考える

物語では，物語の中心であるプロット，つまり，「～だった○○が◇◇によって…になった」という因果関係の骨組みを，想像してつくり上げました。一方で，随筆の場合には，出来事の中からプロットを見つけていきます。

(3) ストーリーを考える

随筆も物語をつくるときと同じように,「起承転結」あるいは「導入一展開一山場一結末」といった四場面構成で考えていきます。それぞれの場面の性格も,物語のときと同様です。

異なるのは,物語がフィクションであり,想像することに対して,随筆はノンフィクションであり,事実に基づくということです。

(4) 自分にとっての意味を考える

学習指導要領の解説に,「感想や自分にとっての意味などをまとめて書く」と記載されている通り,随筆では,経験したことを自分にとって意味づけていくことが大切な点です。

あらかじめ,自分の中にテーマがあって,ストーリーを書き出した場合には,自分にとっての意味づけができていますが,テーマがあまり明確ではなく,エピソードを想起し,具体化してストーリーをつくった場合には,その出来事が自分にとってどんな意味をもつのか,その出来事に対して自分はどう思ったのかを思い浮かべる必要があります。

また,あらかじめテーマがあった場合にも,ストーリーを書き出していくうちに当初のテーマとは少しずつ異なってきたという場合も出てきます。そういったときには,テーマの修正もしていきます。

(5) 描写の工夫をする

随筆は,巧みな描写を入れていくことも,楽しさの1つです。

自分の気持ちを直接書かずに,動作で表したり,情景描写を使って表したりするのも楽しいことですし,物語や小説を読む場合に,描写から意味を読み取っていく力をつけることにもつながります。

また,随筆の結末の書き方にも,様々な工夫をすることで深まりのある文章に仕上げられます。

指導例

(1) テーマや大まかなエピソードをもつ

①大まかなエピソードをもつ

何気ない毎日の生活だけど，それは実は自分にとって大きな意味に満ちているということを感じ取る瑞々しい感性をもてたら，日常生活は今よりもっと輝いて見えるのではないか。高学年の子どもたちに，まずこのように言葉をかけ，活動への期待感をもたせます。そのうえで，随筆を書くことに挑戦してみようと投げかけます。

新しい学びに対しては，難しいことを行うのではないかと不安を覚える子どももいます。そのため，普段日記で書いている内容を膨らませるような活動であること，物語をつくるのと同様少しずつつくっていくということを説明し，学びに対する緊張をほぐしてから活動に入ります。

まず，随筆にしてみたい大まかなエピソードを想起させます。いきなり子どもたちに考えさせても出てきにくいので，教師から「この間，コンビニエンスストアに行き，新作のスイーツを食べました。とてもおいしかったです」といったモデルのエピソードを示すと，子どもは活動しやすくなります。

②テーマを描く

エピソードを考えられたら，次は，そのエピソードからどんなことを述べてみたいかといったテーマを考えます。

こちらも同様に教師からの「幸せ」といったモデルを示し，子どもたちに考えさせます。

高学年ですから，具体から抽象につなげることは，難度の高いことではありませんが，テーマ例として，「友だち」「仲間」「家族」「思い出」といったものを示すと，子どもたちは考えやすくなります。

(2) 因果関係を考える

①モデルを使って仕組みを知る

因果関係を子どもたちにわかりやすく理解してもらうためには，図式化してイメージさせることが好適です。

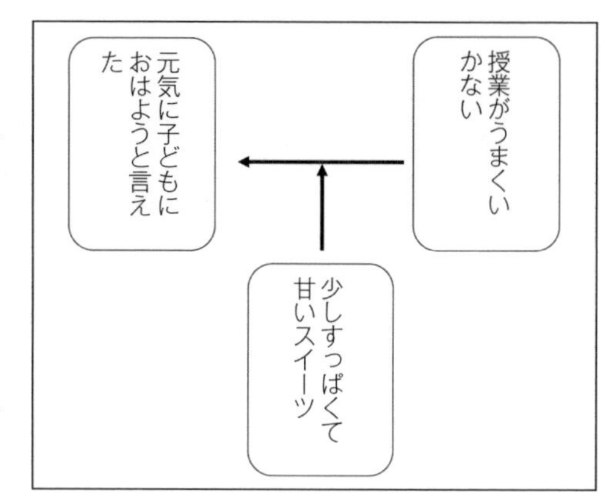

そのために，第１章の「書くことで理由づけする力を伸ばす」の項で述べた「因果マップ」を使います。一斉指導の中で，教師モデルを使って，変化の前の状態，変化の原因，変化の後の状態をマップに書き入れていきます。

②二通りの因果関係から選択する

上で示したモデル図は，「～だった○○が◇◇によって…になった」という，いわば中心人物が「受け身」の形で変化していく因果関係を示したものです。子どもたちの考えているプロット（因果関係）は，このような中心人物が変容するというものだけではなく，例えば「校庭にいた私が，転んで泣いていた１年生を保健室に連れて行き，手当してもらい，泣き止んだ」のように「○○が，～な◇◇を…にした」といった，中心人物が他を変容させていくというものもあります。このような場合も因果マップにまとめることができます。

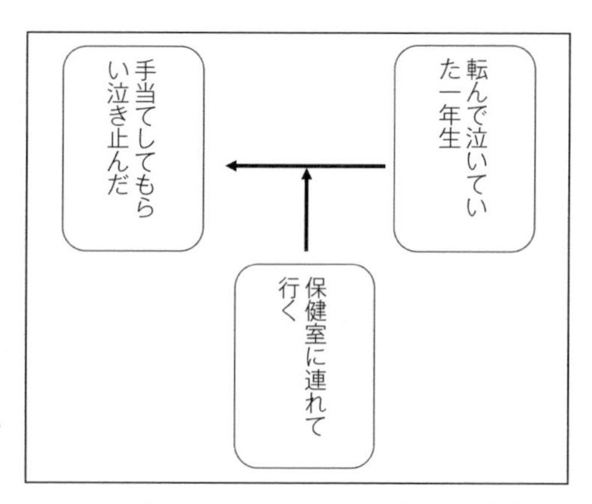

(3) ストーリーを考える

①設定を固める

ストーリーを詳しく考えていく前に，時・場所・人物の設定を固めます。

物語をつくったときには，３つの設定はすべて想像する必要がありましたが，随筆の場合には実際にあったことを書き，まとめるので，正確に思い出せばよいだけで，子どもたちは物語をつくるときよりも，早く書き出すことができます。

物語を考えるときと同様に，それぞれの設定に関して，具体的な観点から書き留めることが，書いている側にとっては楽しく，読む側にとっては様子が目に浮かんでくる効果があります。「時」だったら，「春」「秋」のような季節や「朝」「２時間目休み」といった時間割上の時間や，「雨が降っているとき」といった天候と関連づけたものも考えられます。子どもたちに問いかけ，具体的な観点を出させて，設定の中身を具体化しましょう。

②因果マップに合わせてストーリーを組む

因果マップでは，プロットを「変化の前」「変化の原因」「変化の後」の３つに分けています。ストーリーは，物語と同様に，４場面で考えていくので，因果マップと，ストーリーを関係づける必要があります。

右図のような枠組みをノートに書かせたり，ワークシートをつくったりして，内容を空欄の中にどんどん入れていくようにします。

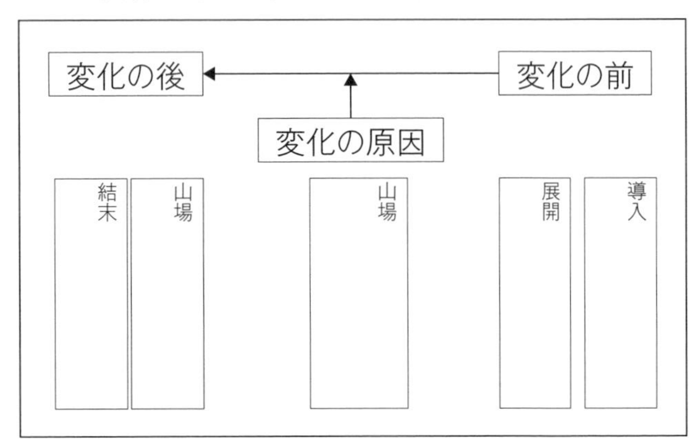

(4) 自分にとっての意味を考える

①様々な意味を考えてみる

１つの行動でも，見方によっては様々な意味をもちます。

単元のはじめにテーマを考えましたが，これまで子どもがつくった因果関係やストーリーを基にして，改めて出来事を見返してみると，はじめは考えていなかったようなテーマが思い浮かぶ場合もあります。

まず，教師のモデルについて全体で考えてみます。

「授業がうまくいかな」くて，落ち込んでいた先生が，「コンビニエンスストアの新作の少しすっぱくて甘いスイーツ」を食べたら，元気が出てきて，次の日には，「子どもたちに元気に『おはよう』と言えた」という出来事をどのように意味づけるか考えさせます。

スイーツを食べたら元気が出たという変化の原因に着目すると「甘い物は人の心を明るくする」といったことが考えられます。

中心人物に変容をもたらしたもののサイズ感から考えると「ちょっとしたことが幸せ」といったことも考えられます。

一部を切り取って，「だれでも落ち込むことはある」といったことも考えられますが，出来事全体から意味づけられることを考えていけることが望ましいでしょう。

この活動を行っていくと，何気ない日常の行為についてよく考えてみると，大切な意味が詰まっているという発見をすることができます。

②妥当な意味を選ぶ

自分の体験への意味づけが複数できたら，その中から，一番気に入った，あるいは納得がいったものを１つ選びます。

ただ，自分にとっては体験と意味づけが関連していると思っても，読み手はそう思わないこともあります。そこで，隣の席の子同士で説明し合い，必要に応じて修正します。

(5) 描写の工夫をする

①五感で対象のイメージを広げる

原稿用紙に書き出す前に，表現の工夫をします。

まず紹介するのは，五感を使って，事物・人物を修飾する言葉を探す方法です。子どもたちに，特に表現を工夫したい言葉を選ばせます。そしてまず教師がモデルを使って，五感で言葉を修飾していく方法を示します。

例えば「雨」だと以下のような図ができます。

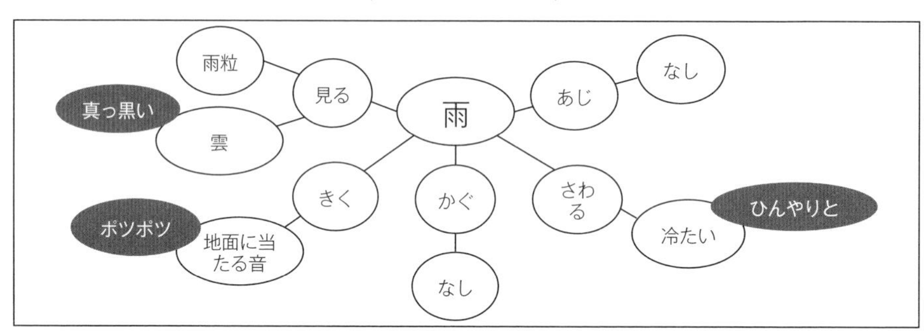

色やオノマトペを使うと，読み手にとってイメージが具体化するので，広げた言葉を修飾する色・オノマトペも考えさせていきます。

②明喩を使う

言葉を修飾するのに，「…のような」を使った明喩を用いるのも，表現の豊かさにつながります。

例えば「しとしと降る雨」を「白い糸のような雨」に言い換えると，雰囲気が文学的になります。考えたものは，イメージマップに書き込んでも，ストーリーをつくった表に書き込んでも構いません。

③別のものに言い換える

例えば，楽しいと思ったときに，「私の心は虹色でした」といった色彩表現を使うと，読み手は色のイメージから連想して，語り手は楽しい気持ちだったのだろうと思います。反対に「私の心は真っ黒でした」とすると，語り手は辛い気持ちになっているということが推測できます。
このように，表したいことに合わせて「色」を使う方法があります。
この方法と似ていますが，空の様子や天候で気持ちを表すことができます。例えば「帰り道，西の空には夕焼けが広がっていた」と書けば，すがすがしい気持ち，「窓の向こうは，冷たい雨が降っている」と書けば，陰鬱な気持ちが表現できます。
この他にも「午後４時」というのを「ランドセルを背負った子どもたちがはしゃぎながら走っている」にするといったように，別のことから連想させる方法もあります。
文章全体を彩るという意識ではなく，１か所でよいので，表現の工夫をすると，それだけでも文章の豊かさは増します。

④書き出しに工夫を凝らす

子どもたちが文章を書くときに頭を悩ませるのが書き出しです。そこで文章を書く前に書き出しのバリエーションの指導をします。最も無難なのは，「夕方，塾の入り口で，僕は空を見上げた」のように「時→場所→人物→行動」で書くものです。他にも「会話文から始める」といったものや，運動会の作文などでよく使われる「音から始める」といったものがあります。

⑤最後の一文に工夫を凝らす

最後の一文にもできれば工夫を施したいものです。
随筆は，出来事を意味づけていくものですから，「小さなことでも幸せを感じることができるのだと思った」のように，最後の一文には自分にとっての意味づけが書かれていてしかるべきです。しかし，自分が意味づけたことを直接述べず，余韻を残す終わり方をするのも素敵です。自分の気持ちを色や空模様で表した一文で文章を終えることにより，読み手に随筆の内容・表現全体から書き手の思いを感じ取らせることができます。

13「登場人物の会話文を書き足す」ことの指導のポイントと指導例

読むこと

指導のポイント

(1) 気持ちを聞かず，気持ちを想像させる

物語教材を使い，学習を進めていくときの大きな流れは，中心人物の気持ちの変容を捉え，その変容の原因を考え，テーマを見つけていくことでしょう。従って，登場人物はどのような気持ちだったか，なぜそのような気持ちになったかという問いが必然的に生まれてくるのですが，気持ちを直接問うことにより，かえって学習が停滞してしまうこともよくあります。会話文をつけ足すことで，無理なく子どもの考えを引き出すことができます。

(2)「どこ」から「なぜ」も考えさせる

子どもたちに，会話文を書き足させる際には，基本的に2つのことを必ず書かせます。1つはどの叙述から考えたのかという根拠，そしてもう1つはなぜそう考えたのかという理由です。

子どもたちの想像力は豊かです。そのため，時に物語の内容から離れて，空想に陥ってしまうこともあります。文章に基づいた読みをするためには，子どもの発達段階に合わせ，根拠と理由もあわせて書かせることが必要です。

(3) 子どもの見方・考え方を意味づける

子どもたちの考えた会話文には，物語の内容の豊かな読みが内包されています。一方，根拠と理由には，読み方を読み取るための見方・考え方が表れています。教師の意味づけが非常に大切になります。

指導例

(1) 気持ちを聞かず，気持ちを想像させる

①気持ちを考えさせたい箇所を選ぶ

続きの会話文を考えさせる際に適している箇所は，第１章で述べたように，登場人物の会話文の最後が「――」（ダッシュ）や「……」（リーダー）になっているところです。省略されている箇所にはどんな言葉が入るかというのは，子どもも興味をもって取り組みます。また，会話文の中に気持ちが直接書かれていない箇所も，続きの会話文を考えさせることで，その会話を行っているときの登場人物の気持ちを想像させることができます。

さらに，登場人物の気持ちが書き込まれていても，ひと工夫して続きの会話文を考えさせることで，登場人物の気持ちをさらに深く読み取ることができます。

以下，「お手紙」のがまくんの会話文の「とてもいいお手紙だ」を取り上げます。子どもたちには，「『とてもいいお手紙だ』の後に，がまくんの心の中の言葉**「だって…」**をつけ足してみましょう」と投げかけます。「だって」をつけることで，必然的に会話文の内容の理由が語られます。

②登場人物になりきるよう指示する

会話文を書き足す活動では，高学年でも低学年でも働かせる考え方があります。

それは「登場人物になりきって想像する」ということです。「自分だったら」と自分に引き寄せて考えるのではなく，自分を登場人物に重ねることが，物語の内容に忠実に読むためには大切な意識です。

ここでは「がまくん」になりきって，「とてもいいお手紙だ」の後に心の中で言っていた会話文を想像させていきます。その際，これまでの物語全体から考えるよう指示することも必要です。

(2)「どこ」から「なぜ」も考えさせる

①発達段階に応じた書き方を

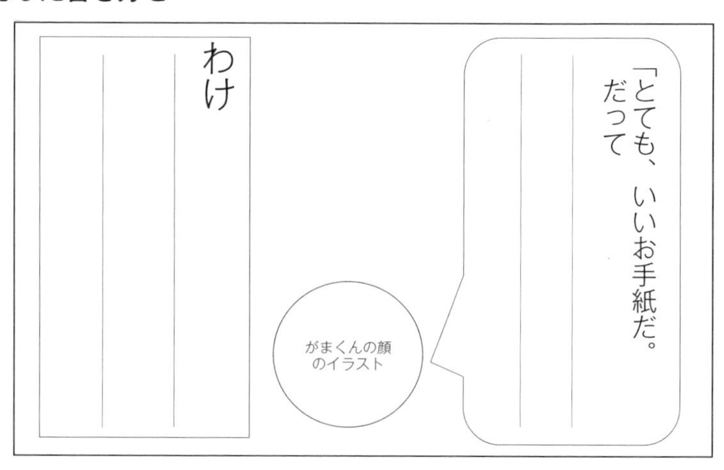

会話文の続きを考えて書く際に，根拠と理由をはっきりさせることは確かな読みをつくるために大切なのですが，発達段階に応じて取り組ませることが必要になります。

低学年の子どもたちが個人追究をしていく際に，どの文章から，なぜそう考えたのかまでを意識してノートやワークシートに書くのは，かなり難度の高いことです。そのため，根拠と理由は，あわせて「わけ」という形でまとめて記入させるようにします。この事例では「どこから考えたか」を書くよう指示し，根拠をあげさせるようにすると，子どもは考えやすくなります。

学習指導要領の第３，４学年の指導事項には「事例」「理由」という言葉が出てくるので，はじめのうちは根拠と理由を区別できない子も多いですが，３年生からは分けて考えさせるようにします。

②いくつも考えることを楽しむ

特に，物語の終盤，クライマックスのシーンになってくると，登場人物の気持ちは１つに絞られるというよりも，いくつかの気持ちがあるものです。ワークシートはたくさん用意しておき，会話文の続きを１つ書いたら，別のワークシートに書くというようにして想像を広げさせます。

(3) 子どもの見方・考え方を意味づける

①発言から見方・考え方を聞き取る

協働追究に入ったら，子どもの発言の内容と見方・考え方を聞き取ります。「とてもいいお手紙だ。だって，『親友』って言ってくれてうれしかったから。そう考えたわけは，かえるくんの手紙に『親友』って２回もあるからです」といった発言から，「『親友』って書いてあったのがうれしかったのですね」と子どもの考えの中身を確認するとともに，「A さんはかえるくんのお手紙の中身に目をつけたのですね」と子どもの見方・考え方を確認します。

②板書を工夫し，見方の違いを意識させる

物語を読む力をつけるために大切なのは，発言の中にみられる見方・考え方を知り合い，自分の見方・考え方を広げていくことです。

取り上げた「お手紙」の例では「お手紙のなかみ」「お手紙をもらえる」「かえるくんからもらえる」の３つの見方を知り合うことができます。教師は見方によって板書の位置を変え，見方の違いを意識させます。

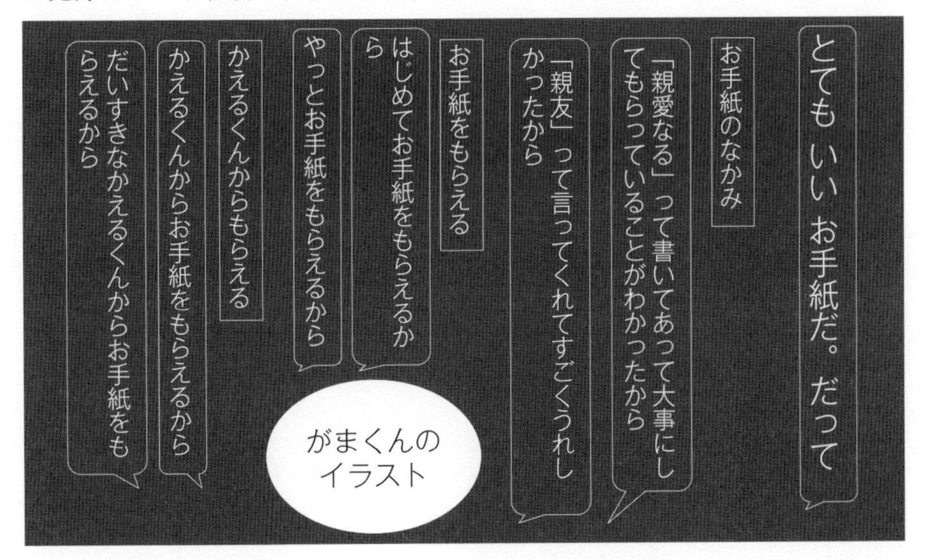

14「続き話をつくる」ことの指導のポイントと指導例

読むこと

指導のポイント

(1)「結」の後に続き話をつくる

第1章では,「起承転結」の「結」がない作品の結末をつくることについて述べましたが,「結」がある教材に関しても，続き話をつくるのは楽しい活動になります。

「大造じいさんとガン」や「モチモチの木」といった，中心人物たちはこの後どうなるのだろうという関心を起こさせる終わり方をしている教材は，続き話をつくることに向いています。

(2) シリーズ作品をつくる

単独の教材の続き話をつくるのも楽しいのですが，シリーズ化されている教材の世界観に合わせて物語をつくることも，作品世界を味わうという点で意義深いものです。

アーノルド・ローベルの，がまくんとかえるくんシリーズの中の作品である「お手紙」や，立松和平の，いのちシリーズの中の作品である「海のいのち」は，シリーズ作品をつくることに向いています。

(3)「ごんぎつね」の続き話をつくる

第1章でも「ごんぎつね」の続き話をつくることに触れましたが,「ごんぎつね」から「通じ合えない悲しみ」といった切ないものとは異なるテーマを感じ取るために，続き話をつくることも可能です。そのコツは，続き話の中心人物をごんに置かないことです。

指導例

(1)「結」の後に続き話をつくる

①「残雪」は今年の秋もやってくるのか

物語の続き話を書くことによって，子どもたちは，自分が物語の世界に入り込み，楽しむことができるとともに，お互いが作品世界をどのように描いているのかを知り合い，いっそう物語を楽しむことができます。

あまり長いと冗漫になるので，400字程度で考えさせます。

「大造じいさんとガン」は，大造じいさんが残雪に向かって，今年の秋も沼地に戻ってくるように呼びかけているシーンで終わります。そこで，続き話の「時」の設定を「今年の秋」とし，「大造じいさん」を中心人物として，「大造じいさんとガン」と同様の語り口調でつくります。

残雪が再び戻って来る物語をつくる子と，戻って来ない物語をつくる子に分かれます。それぞれの理由を述べ合うことで，「大造じいさんとガン」そのものの読み取りをさらに深めることができます。

②ひと月後，「豆太」はひとりでせっちんに行っているか

「モチモチの木」の最後の場面では，冒頭と同様に，豆太がせっちんに行くためにじさまを起こす姿が描かれています。

腹痛に苦しむじさまのために夜中に医者様を呼びに行けたのに，最後の場面になって，やはり，夜中にせっちんに行くためにじさまを起こす豆太に対して，勇気のある子に変化しているのか，そうではないのか，という議論が，子どもたちの中で起こります。

そこで，ひと月後の豆太はひとりでせっちんに行っているかについて，続き話を書かせます。行っている派と行っていない派，それぞれから理由を出させると，いっそう豆太に対しての読みが深まります。

(2) シリーズ作品をつくる

①自分だけの，かえるくん，がまくんのお話をつくる

かえるくんとがまくんのシリーズは，「お手紙」が収められている「ふたりはともだち」をはじめ，「ふたりはいっしょ」「ふたりはいつも」「ふたりはきょうも」の４つの短編集から成っています。

「お手紙」の学習をする際に，シリーズの他の作品も読んでいきます。そうすることで，子どもたちは，かえるくんやがまくんのキャラクターについてより広く知ることができ，愛着もいっそうわきます。

そこで，自分だけが知っている，かえるくんとがまくんのお話をつくることを子どもたちに投げかけます。200字から400字程度の分量で書かせます。それぞれが捉えたかえるくんやがまくんのキャラクターを基に描いた物語を読み合うことで，かえるくん，がまくんへの親しみをいっそう深めることができます。

②「いのち」シリーズの作品をつくる

立松和平の「海のいのち」は，この他の「山のいのち」「川のいのち」「街のいのち」「牧場のいのち」「木のいのち」「田んぼのいのち」を含めた７部作のうちの１つです。「海のいのち」では，「生命はつながっている」や「生命は尊い」といったテーマを読み取ることができますが，他の作品それぞれからも，「いのちとは何か」といった問いに対するメッセージを感じ取ることができます。

７部作を読んだ後，６年生の子どもたちに，８作目の「いのち」シリーズの作品を書くことを投げかけますが，「いのち」シリーズは前述のかえるくんとがまくんのシリーズのように共通の登場人物は出てきません。それぞれの作品で作品世界は大きく異なります。従って，テーマ，設定をしっかりと決めさせることが大切です。卒業間近の子どもたちに「いのち」に向き合う時間をつくることができます。

(3)「ごんぎつね」の続き話をつくる

①中心人物を「ごん」にしない

「ごんぎつね」は，子どもたちにとって親しみを感じる中心人物の「ごん」が，最後に，心を通じ合わせたいと願っていた兵十に撃たれてしまうという悲しい結末の物語です。子どもたちにとっては，ごんが亡くなってしまうことは大変切ないものです。そのため，続き話をつくる活動を投げかけると，ごんが元気に回復するという話をつくりたくなる子が多くいます。そこでまず，物語の流れを崩さないことを子どもたちに指導します。そして，物語自体は悲しい結末になっているけれど，続き話をつくることで，もしかしたら，悲しいだけの物語ではなくなるかもしれないということも伝えます。そのうえで，「ごん」は中心人物にすることはできないので，だれを中心人物にするか決めます。子どもたちからは「兵十」あるいはごんが撃たれた日に兵十の家に行くはずになっていた「加助」があげられます。

物語は，兵十がごんを撃った後から始めます。分量は200字から400字程度とします。これまでくりや松たけを兵十の家に持って来てくれたのは「神様」ではなくてごんだったことを加助に語る兵十といった内容が書かれます。

②物語の冒頭とつなげる

書いた続き話の交流をした後に，「ごんぎつね」の冒頭を読ませます。すると，「ごんぎつね」の話は「わたし」が「茂平」から伝え聞いた物語であることが示されています。ここから，「わたし」はなぜ「茂平」からこの話を聞くことができたのか，そして，子どもたちに亡くなった後のごんは村人たちにどのように思われていたのかを尋ねます。

子どもたちからは，ごんはずっと語り継がれてきたのだから，いいきつねだと思われていたといった考えが出されます。続き話をつくってみることが，物語をより深く読み取ることにつながります。

（参考：2018年度筑波大学附属小学校学習公開・研究発表会における二瓶弘行先生の公開授業）

15 「視点を変えて書き換える」ことの指導のポイントと指導例

読むこと

指導のポイント

(1) 中心人物以外の視点に書き換える

物語の多くは，中心人物の他にも，人物が登場します。脇役の思いを想像したり，脇役から中心人物が受ける影響を考えたり，反対に脇役に中心人物が与える影響を考えたりすることで，中心人物の気持ちをより確かに，豊かに想像することができます。そのために，中心人物以外の，脇役などの人物を視点人物にして物語を書き換えることは効果的です。

(2) 三人称視点を一人称視点に書き換える

中心人物そのものについて視点を変えることもできます。

「かえるくんは」「太一は」といった三人称視点で書かれている物語を「わたしは」「ぼくは」といった三人称視点に変えてみます。すると，読み手が想像する出来事に対する登場人物の気持ち，ある言動をするときの登場人物の気持ちがスムーズに出てきます。これは，説明文の読みにも応用することができます。

(3) 「語り手」を変えてみる

視点を変えるのは，登場人物に限りません。物語には，物語を読者に伝える「語り手」が登場します。

例えば，「モチモチの木」。ここでの語り手は「方言」を使い，豆太のこともよく知っています。語り手に共通語を話させ，豆太への評価の言葉をカットします。すると随分印象が変わります。

指導例

(1) 中心人物以外の視点に書き換える

①「かたつむりくん」を主人公にする

街を歩いている中では，自分の人生にとってかかわりのない人ともたくさんすれ違いますが，物語には意味のない登場人物はいません。物語の成立にとって何らかの意味をもっています。

中心人物以外の人物を視点にして物語を書き換えることは，物語に登場する人物の意味を探り，そして，物語のテーマを描いていくために重要で，楽しい活動です。

「お手紙」には「かたつむりくん」が出てきます。かえるくんが，がまくん宛ての手紙を渡して，４日目に手紙を持って来てくれました。「すぐやるぜ」と言ってかえるくんから手紙を受け取ったかたつむりくんに，４日間，どんな出来事があり，どんな思いだったのでしょう。子どもたちに４日間のかたつむりくんを主人公にした短いスピンオフストーリーをつくらせます。

そこで浮かび上がってきたかたつむりくんの思いを意識したうえで，４日間手紙を待つ２人の気持ちを想像すると，手紙を待つ場面の読みが，いっそう楽しいものになります。

②「兵十」を主人公にする

ごんの一方的な兵十への思いを子どもたちに理解させることは，ごんのいじらしさを感じたり，最後の場面での兵十の悲しみを感じさせたりすることをはじめとして，物語を確かに読み取るためにとても大切です。

そこで，ごんが兵十に対して働きかけを行う箇所を中心にして，兵十を視点人物にして書き換えます。このときに，兵十に対するごんの一方的な思いを子どもに感じ取らせるためには，兵十の気持ちも書くことが重要です。

(2) 三人称視点を一人称視点に書き換える

①人物の気持ちが書き込まれていないところを

物語教材では，人物の気持ちがしっかりと書き込まれている教材と，気持ちはあまり書き込まれておらず，行動描写中心の教材があります。

「お手紙」のかえるくんに関しては，彼の行動が中心に書き込まれています。そこで，「お手紙」のかえるくんの行動が書かれた箇所を，主語を「ぼく」にして，行動するときの思いを書くことで，そのときどきのかえるくんの気持ちを想像することができます。例えば，かえるくんが手紙を書きに家に戻る前の「すると，かえるくんが言いました」は「ぼくはいいことを思いついた。ぼくががまくんにお手紙を書いたらいいんだ。でも，がまくんに気づかれないようにしなくちゃ」のように書き換えることで，一つひとつの行動をする際のかえるくんの気持ちをより豊かに想像することができます。

②「一つの花」「海のいのち」を書き換える

「一つの花」は，お父さんの気持ちの直接描写がほとんどありませんが，修飾語のついた行動描写が「深いため息」「めちゃくちゃに高い高い」などいくつかあります。そこで，「深い」や「めちゃくちゃに」などの修飾語を手がかりとして，それぞれのお父さんの行動に対して，「わたしは」を主語に気持ちを書き添えていきます。例えば「めちゃくちゃに…」の箇所であれば，「わたしは，ゆみ子が大きくなっても自分の思ったことを素直に言えない人になるのではないかと，とても心配でたまらない」のようになります。

「海のいのち」のクライマックスシーンは省略が多くあるため，太一の心情を読み取ることが非常に難しいです。ここも，「ぼくは」を主語にして，行動と行動の間に気持ちを書き込ませていくことで，太一の気持ちの変化が浮かび上がってきます。

(3)「語り手」を変えてみる

①語り手と作者は違う

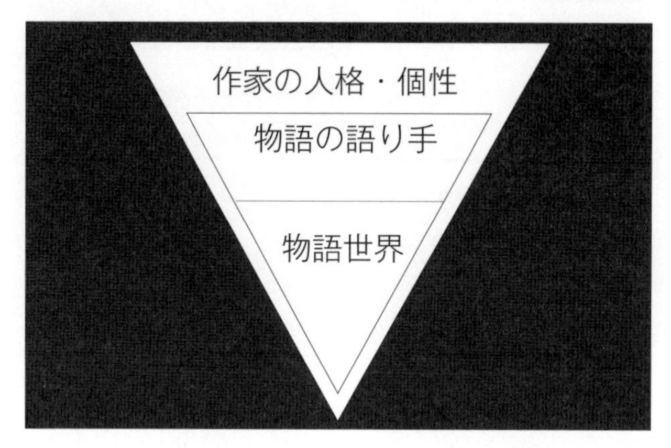

物語を書いているのは作者ですが，作者の人間性や個性がそのまま物語に表れているのではありません。よく引き合いに出される「吾輩は猫である」。作者は夏目漱石ですが，語り手は「猫」です。猫が物語を書いているわけではありません。作者は語り手に物語を語らせることで物語の世界をつくっているわけです。図示すると，作家の人格や個性の中に，語り手が入り，その中に物語世界が構築されているわけです。小学生ではやや難しいのですが，「モチモチの木」など個性的な語り手が登場する作品で，語り手を変換することによって作者と語り手は異なることを区別できると，さらに物語の読みが深くなります。例えば「モチモチの木」の語り手の書き換えをしてみた後で，この語り手は一体だれなんだろうと考え合うと，「亡くなったおとう」など子どもたちから様々な解釈が出されます。

②説明文でも変えてみる

語り手を書き換えることは説明文でも効果があります。「ヤドカリとイソギンチャク」では，ヤドカリやイソギンチャクの一人称の形で本論を書き換えてみると，共生関係についての理解が深まります。

「ウナギのなぞを追って」は，筆者の一人称の形で書き換えると，ウナギの産卵場所を突き止めていくドキュメンタリーのような文章となっておもしろいですし，内容理解も進みます。

16 「穴のあいた箇所に言葉を書く」ことの指導のポイントと指導例

読むこと　我が国の言語文化

指導のポイント

(1) 穴をあける

物語や説明文のようにある程度の分量があるものは，一読した段階で内容がある程度理解できるとともに，読んでみてわからないところを取り上げて，みんなで考えていこうという流れをつくることが自然にできます。

一方，短歌や俳句の学習は，文字数が少なく，子どもたちに関心をもたせることがなかなか難しいものです。教師にとっても，どこを切り口にして考えさせていけばよいのかを探り出すことが難しいものです。しかし，１文字，あるいは１単語を抜いて，そこに本来何が入るのかを考えることを誘うだけで，子どもたちは大いに関心をもちます。

(2) どこからなぜ考えたかを言わせる

穴あきの箇所に何が入るかを子どもたちに考えさせると，一人ひとりいろいろな答えを考えます。お互いの考えたことを聞き合っていると，とても楽しいです。しかし，それだけでは国語の授業としては不足しています。穴のあいていない箇所の言葉を根拠にして，理由をつけて，なぜその言葉が入るのかを言い合うことが必要です。

(3) 作者の感性に学ぶ

子どもたちの選択した言葉を検討した後，作者はどんな言葉を選択したのかを伝えます。自分たちで考えた後なので，なぜその言葉なのかを子どもたちは一生懸命考えることでさらに読みを深めます。

指導例

(1) 穴をあける

①解釈が分かれそうなところを見つける

以下，松尾芭蕉の詠んだ３つの俳句を用いて説明します。

古池や 蛙飛び込む 水の音	閑さや 岩にしみ入る 蝉の声	荒海や 佐渡に横とう 天の川

まず，空欄をつくったときに，子どもたちの考えが分かれそうな箇所を見つけます。子どもにとってあまり難しい言葉は不向きです。子どもがよく知っている言葉であり，俳句の中の他の言葉を手がかりにするとわかりそうな言葉が適しています。

「古池や…」の句は「蛙」,「閑さや…」の句は「蝉」,「荒海や…」の句は「天の川」を空欄にします。

②配列を考える

教科書に掲載されている短歌・俳句は，解釈がしやすいものと少し難度を上げたものが選ばれています。空欄を書いていく活動をする際には，解釈のしやすいものから難しいものの順にしていくと子どもの意欲が継続します。

また，短歌・俳句そのものの難度にあまり差がない場合には，空欄にする言葉の難度を上げます。指導例として示した芭蕉の３つの俳句は,「古池や…」で考え方を学ばせ,「閑さや…」で，各自で挑戦させ,「荒海や…」で一段レベルを上げるという配列を取ります。

(2) どこからなぜ考えたかを言わせる

①3点セットで考えさせる

穴のあいた箇所に言葉を入れる際，思いついたことを何でも入れていいということにすると，国語の授業ではなくなります。こんな言葉があり，それがこういった意味をもつということを考えることが，筋道立てて考える力や，想像力につながります。そこで，次のような形で，考えを書かせます。

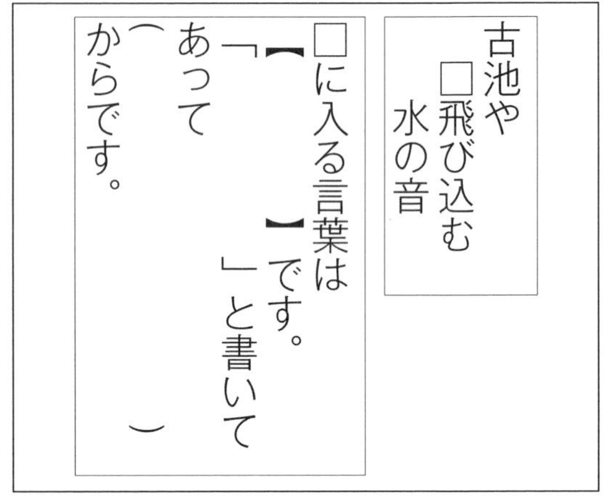

考えを書くフォーマットも穴だらけなので，はじめは子どもたちと一緒につくっていきます。早く考えが浮かんだ子にどんな言葉を考えたか聞きます。どこから考えたのか，なぜそう考えられるのかを，他の子も巻き込んで尋ねたり，教師が述べたりしていきます。例えば「□に入る言葉は，子ガモです。『古池』『飛び込む』と書いてあって，池に飛び込むのは池に住んでいる鳥だからです」といった考えが出てきます。

②お互いの考えを聞き合う

それぞれの考えができたら，発表し，検討し合います。子どもたちの活動が単調にならないようにするため，また，少しずつ，個人の力をつけていけるようにするための活動を行います。

ここでは，まず１句目はサンプルになる考え方を全員でつくってみた後，グループになって検討させます。２句目はペアで考えさせます。そして，３句目は個人で考えさせ，少しずつ，個人思考に委ねていきます。

(3) 作者の感性に学ぶ

①作者の入れた言葉を示す

俳句の□に入る言葉を子どもたちが検討した後，実際に作者が入れた言葉は何かを示します。

「古池や…」については，「古池や…」の俳句の検討をした後，「閑さや…」の場合は，「閑さや…」の俳句の検討をした後，というように，それぞれの俳句の検討をしたら，その都度，芭蕉は実際にはどんな言葉を入れたのかを発表します。

子どもたちは，自分の考えたものが，芭蕉の使った言葉と一緒であれば喜び，違っていればがっかりします。

テンポよく進めるためには，答えを発表したときの盛り上がる様子を見て，次の俳句の空欄を考える活動に移ることがよいのですが，そうすると，俳句クイズで終わってしまいます。

②なぜその言葉なのか考えさせる

作者の選択した言葉を発表したら，その言葉を入れて俳句を読み取ります。「古池や…」の場合には，□に入る言葉は「蛙」ですが，この言葉を入れたときにどんな様子が見えてくるのか，具体化させていきます。

蛙はどんな大きさなのか，飛び込んだ蛙は何匹いたのか，波紋はどのくらいの大きさなのか，なぜ蛙は飛び込んだのか，飛び込んだときの音はどんな音だったのか，こういった視覚，聴覚を使った問いを投げかけることで，子どもたちは俳句の世界にどんどん入っていくことができます。

子どもたちに，「はじめに自分でどんな言葉が入るか考えて，俳句の世界を自分なりにつくってみるという経験があるからこそ，本来の作者のつくった世界を一層感じることができる」ということを意識させ，仮に考えることの価値を感じさせてから，次の俳句の空欄を考える活動に進みます。

17 「間違いを探して正しい言葉に書き換える」ことの指導のポイントと指導例

読むこと　我が国の言語文化

指導のポイント

(1) 間違い直しで言葉に着目

穴あきの短歌・俳句に何が入るかを考えて書く活動は，適切な言葉を入れる場所が決まっています。従って，残りの言葉を根拠にして，空欄の言葉を考えていけばよいのですが，教材文には空欄がなく，どこかに本来の言葉ではない言葉が使われているのでそれを探し，正しい言葉に改めるということになると，難度は一気に上がります。一つひとつの言葉をしっかりと吟味することにつながります。

(2) 間違い直しで表現に着目

間違い直しをすることで，意味のつながりから考えて，一語一語を吟味することができるとともに，表現の効果についても学ぶことができます。

本来は使用されている表現技法を使わないで，あるいは，違う技法に変えてみたものを示し，正しいものを考えさせていき，本来の教材文を示すことで，表現の効果を実感する学習を行うことができます。

(3) 間違いを直し合い，読みを高め合う

間違い直しをする活動は，教師が示し，子どもたちに行わせる場合だけではありません。子どもたち自身が問題をつくり，間違い直しをすることもできます。

これまで読んできた教材文の一部に間違いを入れて視写し，直し合うことで，教材文の内容や表現を確認することができます。

指導例

(1) 間違い直しで言葉に着目

①短歌・俳句で間違い直し

短歌・俳句を学ぶ際，教材を穴あきにして子どもたちに示し，中に何が入るかを考えさせる活動は大変盛り上がりますし，教材文の読み取りも確かに行うことができます。

この活動を行って，短詩型文学の言葉一つひとつには大きな意味があることや，それを考えることの楽しさを子どもたちに実感させた後，以下のように俳句の言葉の一部を変え，間違い直しの活動を行います。

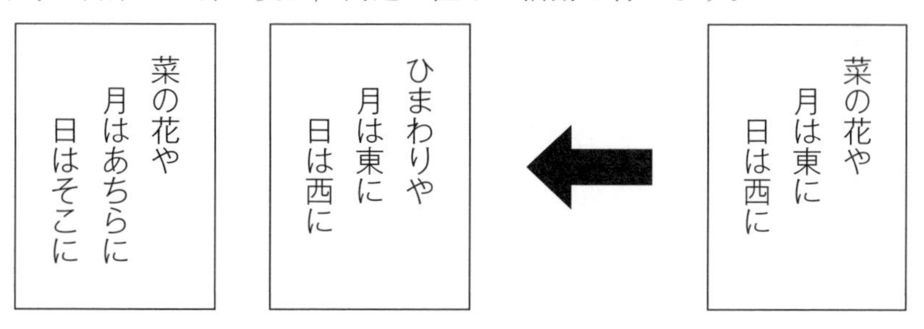

②観点を決めて言葉のセンスを磨く

与謝蕪村の俳句の一部を変えたものを２例示しました。「菜の花」を「ひまわり」に変えたものは，子どもたちに，小さな黄色い花びらをつけた菜の花の可憐な様子に注目させることをねらったものです。一方，「東」を「あちら」，「西」を「そこ」に変えたものは，月が東から昇り，その一方で太陽が西に沈んでいく雄大なスケールを感じ取らせることをねらったものです。

このように，子どもたちをどんな言葉に注目させていきたいかによって，間違いをつくる箇所を考えていきます。なお，子どもの活動は，穴あきを考えさせるときよりも，間違い箇所を見つける分だけ時間がかかります。

(2) 間違い直しで表現に着目

①詩で間違い直し

短歌・俳句は，記述量がそれぞれ31音，17音と大変短いので，子どもたちは集中して考えることができます。

記述量が少ないものに「詩」もあります。詩も，穴あきをつくって，どんな言葉が入るかを考えさせる活動を通して，楽しみながら，内容を読み取ったり，言葉のセンスを磨いたりすることができます。

しかし詩では，間違い直しをすることで，さらに効果的な学習を行うことができます。

②表現技法の効果に無理なく気づく

詩の間違い直しをすることで，表現技法の効果に気づくことができます。俳句でも，「切れ字」を別の言葉に変え，同様のことをねらえるのですが，詩の方が記述量が多い分，活動のバリエーションが増えます。

詩に使われている技法は，「反復」「倒置」「体言止め」「(「〜のような」を使った）明喩」「(「〜のような」を使わない）暗喩」「擬人法」「省略」「連構成」等があります。わずかでも変えることが追究の焦点化につながります。

教科書に掲載されている作品の一部を変えて子どもたちに示します。

例えば，谷川俊太郎の「生きる」。「いま地球が…」のように，「いま」が反復されている箇所のうち１つを，「明日」といった言葉に変えると，「いま」の意味やそれを繰り返している意図について考えさせることができます。

連構成についても学習させることができます。例えば一連と二連の順序を変えて示します。二連の後には「かくされた悪を…」とあり，二連の終わりの「すべての美しいもの」と対比の関係になっていることに気づかせることができます。

(3) 間違いを直し合い，読みを高め合う

①間違い視写をさせる

間違い視写をさせて，問題を出し合うことには，大きく２つの意味があります。

１つは，教材文の中で，特徴的な言葉に着目させ，その意味を考えさせることです。例えば，「スイミー」。「スイミーと」と「スイミーのと」では，「の」の１文字があるかないかの違いだけです。しかし，この１文字があるかないかで，「小さなさかなのきょうだいたち」の色はまったく異なります。

スイミーのとそっくりの、
小さなさかなのきょうだいたちを。

スイミーとそっくりの、
小さなさかなのきょうだいたちを。

もう１つは，教材文に書かれている言葉を正確に捉えさせることです。視写する側にとっても，問題を解く側にとっても両方に言えることです。

これらの意図を子どもに説明したうえで，お互いの読み取りの力を高め合うために，間違い視写をして，問題を出し合うよう働きかけます。

②問題を出し合い直し合う

問題を出し合い，正しい答えを言い合っておしまいでも，教材文に書かれている言葉の正確な捉えはできますが，言葉の意味を考えたり，内容の読み深めまで至らせたりしたいものです。

そのためには，言葉を直した後，「間違った言葉だと，…になるが，正しい言葉だと～になる」という解釈を，回答者側と出題者側で述べ合うことが必要です。

例えば「海のいのち」の「クエに向かってもう一度えがおを作った」を「クエに向かってもう一度笑った」に変えた問題を解き合うことで，太一の葛藤を読むことができます。

DATE　・　・

第3章
すぐに使える書く活動のアイデア

1 「おもしろ日記」シリーズ

対象／低中高

(1) ねらい

日記を通して，楽しみながら，観察力，表現力を身につける。

(2) 活動の進め方

①日記の「お題」とモデルを見る

週末に日記を書く宿題を出す学級は多いと思います。子どもたちの多くはがんばって日記を書いてきます。

提出された日記を教師は読み，返事を書きますが，子どもの日記のほとんどが，「今日，友だちと，さくらがおか公園に行きました。いっしょにブランコにのったり，すべりだいをしたりました。楽しかったです。また行きたいです」といったその日にあったことを書いて，簡単に感想を書いたものになっていないでしょうか。

休日の子どもの様子を把握したいというねらいがあるのであれば，それでよいのですが，はっきり言えば，読んでいてもおもしろくないのではないでしょうか。また，きっと子どもも書いていてちっとも楽しくないと思います。

何も指導せずに読んでいて楽しい日記を書くよう子どもに求めるのは無理な話ですし，せっかく毎週書くのですから，その中で国語の力をつけていくことも意図したいです。

そこでおすすめなのが，「おもしろ日記」シリーズです。

週末，金曜日の宿題を出すときに，「変身えんぴつ日記」というように板書します。
子どもたちは怪訝な顔になります。そこで，日記を書くことで，いろんなことを観察する力やいろんな表し方を身につけいきたいという活動のねらいを子どもたちに説明します。また，家庭にも学級通信で説明します。
活動のねらいを理解しても，「変身えんぴつ日記」で，何をどうやって書くのか，子どもは具体的な活動がわかりません。そこで，自分が鉛筆になって日記を書くという概略を説明し，どのように書くのか，例を示します。
「ぼくは，一郎君の鉛筆です。今は日曜日の夜８時です。金曜日に一郎君が帰ってから，ぼくはずっと筆箱の中にいます。部屋から声が聞こえてきました。一郎君はお母さんに『宿題どうしたの？』としかられているようです。お母さんの声がしなくなったと思ったら，一郎君は急いでぼくをふでばこから出しました。おおあわてで宿題をしているようで，目が回ります。やっと宿題が終わったようです。一郎君，今度はもっと早く宿題しようね」
このように，鉛筆にまつわる出来事を書いて，最後に鉛筆から本人にひと言つけ加えるということを伝えます。
このとき，教師のモデルの話が楽しいと，子どもたちの多くはやる気を強くもちます。はじめのうちは，ノート半ページ以上など，分量を少なく設定します。

②家で日記を書いてくる

週末，子どもたちは家庭で日記を書いてきます。はじめの段階では，自分で書ける子もいれば，保護者に手伝ってもらう子もいます。

③みんなで読み合う

週明け，提出された子どもの日記は子ども同士で読み合わせをします。その前に，教師が全員分目を通すことができるのが望ましいです。
読み合わせの仕方は次のようにします。まず，子どもたちから出された日記をランダムに配付します。子どもは自分のところに回ってきた日記をじっくりと読みます。子どもたちは，同じテーマで書いた他の子は，どんなことをどう書いているのか，とても興味をもつので，お互いの日記を集中して読みます。

日記を読み終わったら，その日記を書いた子のところに行き，読んだ感想を伝えます。このとき何も指導しないと「楽しかったよ」で終わってしまう場合が多いのですが，せっかくがんばって書いた日記ですし，読む側もその日記の内容・表現から学ぶものがあります。そこで，具体的にどんなことに対してどう感じたかを述べるように指導します。例えば，読んだ日記の一部を引用して「『……』と書いてあったところが，とてもおもしろかったよ」などとすると，感想が具体化することを指導します。

このようにして，お互いの文章を読み合うことにはメリットが3つあります。1つ目は，お互いをより深く知ることができることです。お互いがどんな子なのかを知り合っているクラスは荒れることがありません。互いに安心し合えるクラスづくりに効果があります。2つ目は，友だちの文章から表現を学ぶことができることです。自分ではどう表してよいかわからなかったけれど，友だちの日記を読んだらこう書くといいんだとわかった，というように，互いの文章から学び合い，表現力を高め合うことができます。3つ目は，活動に対する興味をもつことです。どこのクラスにも宿題をやってこない子がいます。そんな子も，他の子の日記を見ると楽しいので，自分も日記を書いてこようかなという気持ちになります。

④学級通信で順番に紹介する

子どもが書いた日記は，順番に学級通信で紹介します。

保護者は，ちょっと変わったテーマで日記を書き始めたけれど，他の家のお子さんはどう書いているのかなと思っています。紹介することで，クラスの子たちの様子がわかり，担任の意図の理解にもつながります。

【「おもしろ日記」シリーズお題】

例えば，「変身えんぴつ日記」のような形の文章は，はじめからスラスラ書ける子がいる一方で，はじめはなかなかコツがつかめない子もいます。しかし，回数を重ねるうちに，コツをつかみ，楽しみながら書くことができるようになります。そして，金曜日になると，子どもたちは，わくわくどきどきしながら，今週のお題の発表を期待します。

以下，日記のお題例を列挙します。

【視点を変える】

- 鉛筆になる
- 消しゴムになる
- くつになる
- バット，サッカーボールになる
- ピアノになる
- 太陽になる
- 保護者になる
- ペットになる
- 冷蔵庫になる
- ご飯やおかずになる

【表現の工夫】

- 色を入れる
- 色を連想させるものを入れる
- オノマトペを入れる
- 音を入れる
- 気持ちを色で表す
- 俳句を入れる
- クイズを入れる
- 新聞記者風に書く
- スポーツ実況っぽく書く
- 昔話っぽく書く

ここでは20パターン示しましたが，だいたい40パターンあると，ほとんど毎週違うお題で楽しむことができます。

同じ「色を入れる」というお題でも，色を今回は１色，次回は３色というように増やしてレベルアップすることもできます。

2 学期末の私への手紙

対象／低中高

(1) ねらい

手紙形式で目標を書き，達成のための意欲をもつ。

(2) 活動の進め方

①手紙の構成を知る

学年のはじめや各学期のはじめに，目標を立てることはよく行われます。具体的な目標を立て，達成のための努力をすることで，その学年，その学期ごとに子どもたちの様々な力が伸びていきます。ただ，目標を立てても，3日で忘れてしまう子も多いものです。そこで，できるだけ目標を忘れずに，達成のための努力を続けていく意志をもたせるための取組です。子どもたちの多くは，相手がいることで活動をがんばって行うことができます。その相手を自分自身に設定します。学期末の自分に対して，これをがんばるという約束を，手紙を書くという形でします。以下のフォーマットで書かせます。

1　季節の言葉
2　目標と目標を立てた理由
3　達成のための方法
4　予想する学期末の自分の姿
5　未来の自分に対してひと言

内容的に，目標ー達成理由ー達成方法に関しては，普通の作文と同じなのですが，このような構成で未来の自分に宛てた手紙形式にすることで，子どもたちは学期末の自分に対して約束をすることになります。

さらに，この他にも2つのねらいがあります。1つは，普通の作文を書くよりも，手紙にした方が楽しいということです。もう1つは，見通しをもつということです。ゴールの自分を予想することで，そこに向かって計画的，継続的にがんばろうという意識をもつことができます。

②手紙を書き，読み合う

書いた手紙は，教師に提出させます。全員分の提出があったら，子どもたちに配付し，お互いの手紙を読み合います。お互いのがんばりたいことの内容を知ることとともに，文章表現の工夫を学び合うことがねらいです。読み終わったら，手紙を書いた子に励ましの言葉を添えて返します。

③毎日見られるようにする

一生懸命手紙を書いても，やっぱり3日できれいに忘れてしまう子どもも中にはいます。そこで，手紙を書くことと同時に，A4判かB5判程度の色画用紙に，サインペンで自分の目標を大きくしっかりと書かせます。

提出されたものは，その日のうちに教師が教室内に掲示します。子どもたちに，すぐ目標を忘れそうな人は頻繁に見るように伝えます。

④学期末まで取っておく

子どもたちが書いた手紙は，年度末，学期末の，今年，あるいは今学期を振り返るときに返却します。学期はじめに書いたことを達成できた喜びの笑顔で手紙を読む子もいれば，なんとなくばつの悪そうな表情の子もいます。

手紙を読んだら，今度は，年度はじめ，あるいは学期はじめの自分に向けて，結果に対して思ったことを中心に手紙を書きます。

3　あらすじ紹介にならない読書感想文

対象／低中高

(1) ねらい

文章から思ったり，考えたりしたことを中心に読書感想文を書く。

(2) 活動の進め方

①文章から思ったことを中心に書く

子どもたちに，特に指導せず，読書感想文を書くように指示すると，多くの子があらすじをたくさん書き，自分の思ったことを最後につけるという形になります。これだとあらすじ紹介になってしまいます。読書「感想」文ですから，文字通り，読書をしたその対象となる文章に対して思ったことや考えたことや，その文章の内容をきっかけに思ったことや考えたことが書かれるのが望ましいのです。

そのためには，構成を指導する必要があります。

ここでは，大きく２つのタイプの感想文の書き方を紹介します。

１つ目は，文章を読んで思ったことを中心に書くものです。

1　文章の中で一番心に残ったことやところ
2　そこから思ったこと
3　なぜそう思ったのかの理由
4　まとめ

このタイプは，文章を読んで一番心に残ったことか一番心に残った箇所を想起し，そこで具体的にどんなことを思ったかと，そう思った理由を書き，最後にひと言「これからも楽しい本を読みたいです」のようなまとめを書くというシンプルなものです。

分量的に長く書くことは難しいので，1と2の間に，「心に残ったこと，心に残った場面についての説明」という形で，文章の内容を少し入れると分量が増えます。

②文章の内容も少し入れて書く

2つ目は，読書感想文コンクールに応募する際のフォーマットとして使えるものです。

1　読んだ文章の簡単な紹介（選書の理由，簡単なあらすじ）
2　文章の中で心に残った箇所
3　文章を読んで思ったこと
　・文章を読む前と読んだ後での対象に対する捉えの変化
　・自分の体験や考え方との比較
4　今後の自分の生き方

まず，なぜその文章を読もうと思ったのかという選書の理由や簡単なあらすじを書き，文章の中で印象に残った箇所を取り出し，思ったことを書いていくというのが基本的な流れになります。

冒頭に最も印象に残った会話文等の叙述をもってきたり，自分が思ったことをもってきたりするというように表現の工夫をすることもありますが，基本形は，「文章の概要—思ったこと—今後」という流れになります。

夏休みに読書感想文を書く子がいることが想定される場合，2学期末の国語の授業で，既習教材を使いながらフォーマットを共有させておくと，宿題もはかどりますし，文章の基本的な記述の仕方の理解にもつながります。

4 時間をかけず充実させる行事作文

対象／低中高

(1) ねらい

45分で行事の作文を筋道立てて書く。

(2) 活動の進め方

①「説明型」で書く

小学校には，遠足や運動会など様々な学校行事があります。

また，大きな全校単位の学校行事以外にも，社会科見学のような学年単位の行事もあります。

そういった行事の作文は，それぞれの行事からの学びを自覚化するためにも，文章表現力をつけるためにも，その都度書かせるようにしたいものです。しかし，総授業時間数は限られているので，一つひとつの行事の作文に何時間もかけることはできません。

そこで45分で全員が書けるような方法で行事作文を書きます。そのために，授業の冒頭で，作文のアウトラインを示し，アウトラインに乗って書いていくようにします。

行事作文のタイプには，大きく2つあります。1つは「説明型」，もう1つは「描写型」です。

まず，説明型について述べます。

説明型は，筋道立てて文章を書いていくものです。運動会を例にとると，アウトラインは次のようになります。

1　運動会で一番がんばった種目
2　その理由
3　がんばり抜くための方法
4　結果
5　思ったこと
6　今後の自分

このタイプは，何かがんばることや目標を定め，がんばり抜くため，目標を達成するため努力を重ねたという行事の作文を書くのに適しています。文章化することで，課題達成のためにはどのようにすることが必要なのかを考えることができ，課題解決力の育成につながります。

②「描写型」で書く

もう１つのタイプは「描写型」です。同じく運動会を例にすると，アウトラインは以下のようになります。

1　一番がんばった種目の一番印象に残った場面の直前（様子・行動）
2　一番印象に残った場面を詳しく
（様子・行動を，比喩，色，音を入れて）
3　結果
4　思ったこと（気持ちを様子で）

このタイプは，行動や様子を詳しく描写できるような素材のある行事に向いています。運動会は説明型，描写型の両方に向いていますが，遠足は描写型に向いています。描写をたくさん入れていくために，そのときの様子を詳しく思い出すことができ，表現力の向上にもつながります。

5 懇談会の中身を想像する作文

対象／低中高

(1) ねらい

自分のがんばりの成果と課題を自覚する。

(2) 活動の進め方

①書き方を知る

１年に数回程度，保護者と担任の個人懇談会を行う学校は多くあります。

担任としては，懇談の雰囲気を柔らかいものにしたり，保護者に子どもの思っていることを知ってもらったりすることを願います。また，この機会に子ども自身にも自分のがんばりの成果や課題について意識させることで，子どもがより成長していくための機会としたいところです。そこでおすすめなのが，懇談会の中身を想像して作文を書くという活動です。

まず，子どもたちに状況設定を説明します。

個人懇談会で，保護者と担任が何を話しているのか気になった自分は，こっそり，教室の後ろにある電子オルガンの陰に隠れていた。

しばらくすると，保護者が入ってきて，担任との懇談が始まった。懇談は，まず，自分の勉強のことが話題となっている。勉強のことが終わったら，生活面のことが話されている。懇談が終わると，保護者は教室を出ていった。

このような状況設定を説明した後，書き方について指導します。

まず，書き出しはノックの音とします。「コンコンコン」と始めたり，「トントントン」と始めたりするなど，書き出しで子どもがつまずかないように，例を示し，板書しながら説明します。続いて，保護者が，どんな表情で，どんな服装で，どんな言葉を言って入って来るのか想像して書きます。このあたりを詳しく書くことで，子どもは想像の世界にぐんぐん入っていきます。

担任との懇談の順は，①学習状況→②生活態度とします。それぞれに，学校での様子は担任が話し，家庭での様子は保護者が話すという形にします。会話文を入れることや，会話の中身を具体的にすることを指示します。そうすることで内容がかなりリアルになります。保護者が退室するときも，どんな表情で，どんな言葉を言って出て行くかも想像して書きます。最後に，家に帰って自分はどんなことを言われるのかを予想します。

この一連の活動をすることで，子どもは自己評価をします。

②書き方に沿って作文を書く

説明の後，子どもたちに作文を書かせていきます。45分で400字程度書かせます。書き方の説明をしていく際に，例を示していくと，どんなことを書いたらよいか子どもたちのイメージが具体化します。

③懇談会で保護者に読んでもらう

書いた作文は，個人懇談会の冒頭で，保護者に読んでもらいます。子どもの書いた作文を読むことで，個人懇談会の雰囲気は和らぎます。また，多くの保護者は，子どもの自己分析に対して納得しますが，子どもは自分のことをかなり客観的に見ることができるので，作文に書いた成果や課題を基にして懇談を進めることも可能です。

担任としてこの作文でもう１つ見るべきものがあります。それは，保護者との関係です。保護者と現在どんな関係なのか，そして，どう接してほしいのかを垣間見ることができます。

6 友だちへの感謝，尊敬のメッセージ

対象／低中高

(1) ねらい

友だちと感謝の心を伝え合い，自己肯定感や他者へ尊敬の念をもつ。

(2) 活動の進め方

①用紙を準備する

子どもたち一人ひとりがお互いに感謝していること，尊敬していることをメッセージカードに書き，渡し合い，読み合うことで，自分に自信をもったり，友だちへの尊敬の念を高めたりするための活動です。

活動に入る前に用紙の準備が必要になります。

・記入用紙を貼り付けるＡ３判の紙（人数分）
・友だちにコメントを書くためのＡ４判の色上質紙（人数分×２枚。１枚にクラスの人数の半分＋１つのメッセージカードを印刷）

②書き方を知る

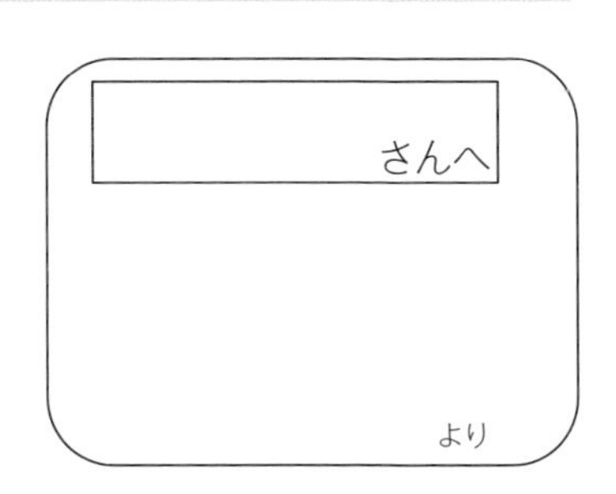

活動の趣旨を子どもたちに説明した後，右のようなメッセージカードが１枚にクラスの人数の半分＋１つ印刷された色上質紙を２枚ずつ配付し，友だちにしてもらってうれしか

ったこと，友だちのすてきだなぁと思うところを書くことを説明します。
メッセージカードは，クラス全員宛てと，自分宛て，家族宛てにそれぞれ１つずつ書きます。

③書く時間をしっかり取る

子どもたちはクラスの友だち一人ひとりのことを思い浮かべながら，一生懸命メッセージを書きます。
多くの子は，友だちに渡すものなので，自然と丁寧に文字を書いていきます。あらかじめ，45分授業を２コマ取るといったように，時間の枠組みを示し，子どもたちに見通しをもって活動させ，急かさないようにします。

④書いた紙を配り合う

メッセージカードへの書き込みが終わったら，ハサミで切り，カードを配り合います。このとき，机の下に紙を落としてだれかに踏まれるということが起きがちです。袋などカードの入れ物を用意させ，その中に配らせるとよいでしょう。

⑤じっくりと読み合う

自分に配られたメッセージカードは，Ａ３判の紙に貼っていきます。
子どもたちはメッセージカードを，１枚１枚丁寧に貼っていきます。貼り終わったらじっくり読む時間を取ります。

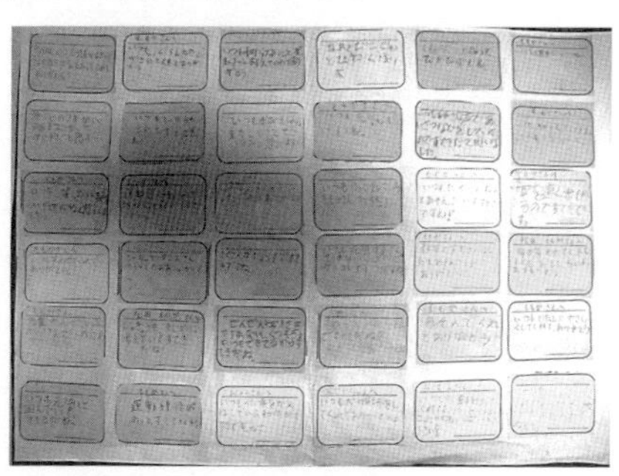

7 「なぞかけ」づくり

対象／低中高

(1) ねらい

演繹的思考を使って言葉をつなげることができるようになる。

(2) 活動の進め方

①考え方を知る

「なぞかけ」をつくって発表し合うことで，意味の離れた言葉と言葉を結びつける楽しさを感じ，演繹的に思考する力や語彙力を身につけることができます。子どもたちには，まず基になる三段論法の考え方を示します。

1　バナナは果物である
2　果物は体によい
3　バナナは体によい

1で事例を示し，2で前提条件を示し，3で主張を示します。このような前提条件を事例に当てはめて主張を導き出していく演繹的な考え方を使えるようになると，思いつきではない確かな考えをつくることができるようになります。この考え方と似た方法でつくる「なぞかけ」はおもしろい活動ですが，実は筋道立った考え方をできるようになるための大事なトレーニングの1つであることを伝え，「なぞかけ」の価値を高めて活動に入ります。

②モデルを見る

子どもたちに，１つモデルを示します。

> まとまりのよいクラスとかけて甲子園の開会式と解く。
> その心は，（　　　　　　）が大事でしょう。

子どもたちにはまず（　　　　　　）の中に入る言葉は何か尋ねます。
そのうえで，答え「せんせい」を示します。

③つくり方を考える

答えを示したら，つくり方を指導します。
まず，「なぞかけ」を三段論法の形にしたものを示します。

> 1　まとまりのよいクラスにはよい先生がいる。
> 2　宣誓は甲子園の開会式で行われる。
> 3　まとまりのよいクラスは甲子園の開会式である。

コツとして，１で示した「先生」と同じ読み方で違う意味の「宣誓」を2のはじめに持って来ることを説明します。三段論法が完成したら「なぞかけ」の形に整えます。肝心なのは「同じ読み方で違う意味の言葉」，つまり同音異義語を考えることです。熟語ばかりでなくオノマトペ等も使えます。

④つくって楽しむ

つくり方がわかったら，どんどんつくっていきます。クラスの実態に応じて，もう１問くらい教師がモデルを示して理解をより促してもよいでしょうし，ペアやグループでまず考えさせてもよいでしょう。つくったら出題し合って楽しみます。

8「あいうえお作文」づくり

対象／低中高

(1) ねらい

語彙を広げるとともに筋道立てて考えられるようになる。

(2) 活動の進め方

①つくり方を示す

各文の文頭の言葉に規則性をもたせる「あいうえお作文」を行うことで，楽しみながら語彙を広げ，また，文章を自然につなげていくことを通して筋道立てた考えをつくる力を育てていくことができます。

まず教師がモデル作文を板書します。

明日は遠足だ。
いっぱい楽しみたい。
馬や羊が牧場にいるだろう。
エサをあげてみたい。
お弁当も楽しみだな。

教師が遠足の前の日に書いた日記という設定で子どもたちに示し，「何か気づくことはありませんか？」と尋ねます。

子どもたちからは，先生も遠足の前の日は楽しみなんだといった内容に関する気づきが出されます。そこで「この日記にはどんなきまりが隠れているか」を尋ねます。

「あいうえお作文」になっているという気づきがすぐに出てこない場合には，それぞれの文をすべてひらがなにします。さらに，文頭の文字に○囲みをすると，ほとんどの子は「あいうえお作文」になっていることに気がつきます。そこで，このような「あいうえお作文」を自分たちでもつくってみることを投げかけます。

つくり方のルールは，以下の2つです。

1　それぞれの文頭の文字が「あいうえお」になっている。
2　5つの文の意味がつながっている。

②日記を「あいうえお作文」にする

まず，子どもたちに，昨日の出来事を「あいうえお作文」で書いてみるように指示します。文頭の文字を「あいうえお」にすることは簡単ですが，5つの文の意味をつなげるのはかなり難しいことです。

「朝起きた後，ご飯をたべました。いっぱい食べました。うまかったです。…」のように，一文目で示した大まかな内容に合わせて，「いっぱい」のような修飾語で「あいうえお」から始まる言葉を考えたり，「おいしかったです」の意味に似た「うまかったです」に言葉を工夫したりと，様々な工夫をすることができます。

早くできた子にやり方を発表してもらい，それを広げていくとよいでしょう。

③自己紹介を「あいうえお作文」で行う

「あいうえお作文」は，「あいうえお」から始まる文だけではなく，規則性のあるものなら何でもつくることができます。

クラス替えをしたときなど，自分の名前を文頭にもってきて自己紹介をつくり，発表し合うと，楽しく，印象深く，お互いを知り合うことができます。

9　大事な人に贈る一字

対象／低中高

(1) ねらい

意味や相手を考えながら，贈るにふさわしい一字を考える。

(2) 活動の進め方

①贈る場面と書き方を知る

漢字には，それぞれ意味があります。

漢字の意味を，切実感を伴って考える機会，また，自分がかかわった相手を大切に思う気持ちを伝える機会として，「大事な人に贈る一字」の活動を行います。

卒業，クラス替えなどの節目に行うと，子どもたちは必要感をもって取り組みます。文字を贈る方は，相手に対する自分の思いを改めて感じ，文字を受け取る方は，文字の意味とともに，相手から自分が大切にされているという思いを感じることができます。

また，書き方も，低学年ならクレヨン，色鉛筆などでカラフルに画用紙に書く，中高学年なら毛筆でしっかりと色紙に書くといったように，発達段階に応じた工夫ができます。

②５年生が６年生に贈る

以下，いくつかのパターンを紹介します。

まず，５年生が６年生に贈るパターンです。

児童会活動が6年生から5年生にバトンタッチされた3学期に行います。5年生には，これまで児童会活動を引っ張った6年生に対する感謝とこれから自分たちが児童会活動を引っ張るという自覚をもたせたい時期です。6年生には，1年間がんばってきたことへの自信と，ついてきてくれた下級生への感謝をもたせたいところです。

5年生には，まずこれまで自分が所属していた委員会の先輩のだれに対して文字を贈るか決めさせます。

そして，文字を選ぶ観点として，以下の2つを示します。

1　先輩にしてもらったことから思ったこと
2　先輩にこうなってほしいと思うこと

1の観点でいけば，面倒見のよかった先輩には「優」，2の観点でいけば，これからの中学校生活で元気にがんばってほしいという願いで「力」などの文字が考えられます。

各自につくらせた後は，6年生が進行する最後の児童会の時間に少しだけ時間をもらい，文字をプレゼントします。

③クラス替えの前に友だちに贈る

クラス替えをする前に，友だち同士で文字を贈ることもできます。ただし，一人ひとりが本当に仲のよいクラスをつくっておくことが前提です。

④保護者に贈る

1年間の最後の参観日，6年間の最後の参観日に保護者に文字を贈るのもすてきなことです。ただ，参観日にすべての保護者がそろわない場合もあるので，6年生の場合は，卒業式の後の学級指導で文字を贈るのもよいでしょう。

10 写真にひと言コメント

対象／低中高

(1) ねらい

写真を見て，その風景にふさわしい言葉を考える。

(2) 活動の進め方

①風景に言葉を添える

タブレット端末には，写真撮影の機能がついています。その写真撮影の機能を使って写真を撮影し，写真に合った言葉を添える活動は，子どもたちの対象を見る目を耕し，言葉を豊かにしてくれます。

はじめに，教師が撮影した写真を使い，コメントを考えさせます。右の写真は美しく咲いた桜と，だれも遊んでいない滑り台を写したものです。

この写真を見て，華やかな景色だと感じる子は大勢いると思いますが，だれも遊んでいない滑り台に注目すると，少し寂しさを感じる子もいるでしょう。このように1つの対象が，見方によって様々に見えること，また表現の仕方によって様々に表現されること，そういったおもしろさをここでは感じさせます。

写真をワープロソフトかプレゼンテーションソフトに貼りつけ，テキストボックスをつけて，そこにコメントさせます。写真の貼りつけ方やテキストボックスのつけ方もここで指導します。そして，桜を見て思うことでもよいし，滑り台など被写体に同化して思うことでもよいし，子どもたちに思ったことをコメントさせ，発表し合います。このときに，読み手が不快になるような言葉や，被写体を貶めるような言葉は使ってはいけないことも指導します。

お花見しながら，ぼくをすべってくれないかな

②風景を撮影し，言葉を添える

やり方がわかったら，風景の写真を撮らせ，その写真にコメントをつけさせます。その際，ねらいに応じて，風景を見て思ったことを書く方法，被写体に同化する方法，写真の説明をする方法のいずれでコメントするかを指導します。

③人物の写真に言葉を添える

風景ばかりではなく，人物の写真を撮り，コメントすることもできます。まず，自分を撮影し，あるいは友だちに自分を撮影してもらい，コメントをつけます。撮影時に思ったこと，写真の説明等のコメントをつけます。他者を撮影してコメントをつける際には，相手に礼を欠くコメントはしてはいけないことを指導します。

風景，人物ともに，写真日記をつくることもできます。

11 テーマを決めて動画撮影

対象／低中高

(1) ねらい

テーマにふさわしい動きを切り取る。

(2) 活動の進め方

①テーマを決める

タブレット端末には，静止画を撮る機能とともに，動画を撮る機能もついています。この機能を使い，20秒程度の動画をつくります。どのような角度で撮影するかなど考えて，工夫をして楽しむことができます。テーマに沿って撮影します。

テーマは大きく2つあります。1つは，実用的なものです。例えば，正しいぞうきんがけの仕方であったり，正しい本の借り方であったり，手順を撮影するものです。撮影しておき，児童集会でポイントを解説しながら全校に見せる，1年生に教室で見せるなどをします。テーマの2つ目は，もう少し抽象的なものです。例えば，「友情」とか「努力」といった抽象的なものを象徴する動画をつくるということです。

はじめてつくる場合は，実用的なテーマの方がつくりやすいでしょう。委員会ごとに，自分たちの活動で言葉だけで説明しにくいことを20秒くらいの動画にするというテーマで，グループ活動を中心にして行います。

そして，委員会の引継ぎのときなどに，委員会の新しいメンバーに動画を見せながら説明します。

このようにして，動画をつくることが役に立つことを学習させた後，抽象的なテーマを考え，動画をつくらせます。このとき，教師からグループごとに異なるテーマを与えます。「友情」「努力」「夢」「元気」「笑顔」「協力」「本気」「幸せ」などのテーマを用意しておき，他のグループには知らせないようにして，各グループに伝えます。また，1時間で撮影まで行い，次の1時間で見合うことを伝えます。

②動きを考える

次にグループになり，動きを考えます。小道具は学校に持って来ているもの，学校にあるものであれば使用可として，撮影場所も校地内，危険でなければどこでも可を原則とします。

まず，撮影せず，動きを考え合ってみます。基本的にセリフは入れず，動きだけでテーマを表すようにさせます。セリフを考えたり，うまくセリフを言ったりする練習をする時間を省くためです。

③工夫して撮影する

動きを考えたら，撮影をします。どのような角度から撮るか，どのくらい近づいて撮るかなど，工夫するポイントはたくさんあります。何回も撮り直しをしてみます。

④交流する

各グループの動画を見たら，どんなテーマだったと思うか理由も合わせて答え合います。1回だけだとスムーズにできたグループとうまくいかなかったグループが出てくるので，折を見て繰り返し行います。

物語文の1つのシーンを選んで音声なしの動画撮影をして，どのシーンであるか当てるのも楽しいですし，物語の理解にもつながります。音声なしでの動画撮影に慣れてきたら音声を入れていくようにします。

12 チャットのトレーニング

対象／低中高

(1) ねらい

短い言葉でのやりとりを楽しみながら，トレーニングする。

(2) 活動の進め方

①テーマを決めてチャットを行う

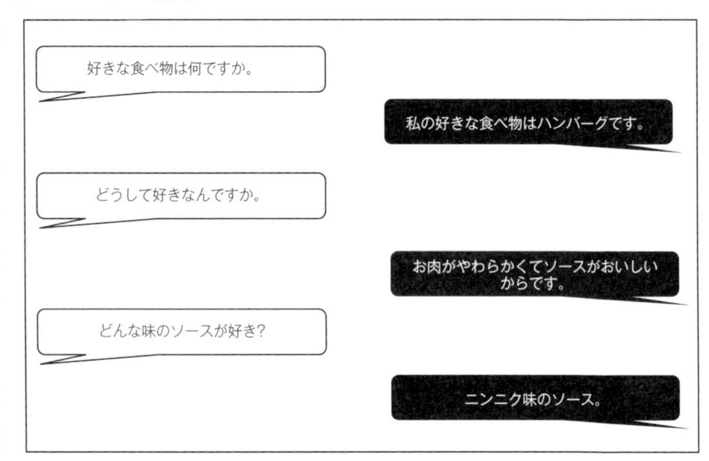

LINE に代表されるように，インターネットを介してリアルタイムで会話をするチャットは広く普及しています。

手軽に連絡を取り合え，情報交換ができるので大変便利ですが，トラブルもよく起こります。

「だから使わない方がいい」というのではなく，どんなことに気をつければ短い言葉のやりとりが気持ちよくできるのかということを学ぶという趣旨を説明した後，テーマを決めてチャットを行います。

離れている席の子同士で２人組になり，アプリのチャット機能を使ってタブレット端末で行います。テーマは「好きな食べ物」「好きな本」「好きな季節」「好きな色」といった「好きな〇〇」を２人で設定して行います。
子どものタイピングの速さに応じて，時間は５分～10分で行います。

②感想を交流する

時間が来たら終了し，感想を交流します。
まず，家庭で LINE 等をやったことがなく，はじめてチャットを経験した子は，文字を打つとそれに対しての反応が返ってくることそのものにおもしろさを感じます。内容について，好きなことについて気が合い，とても楽しかったという感想をもつ子もいるでしょう。
反面，最初は楽しかったけれど，だんだんつまらなくなってきたという感想をもつ子もいます。

③気をつけることを話し合う

ネガティブな感想が出されたら，なぜそう思ったのかを出させていきます。文字を打つのが面倒になったということもあるでしょう。関連して，最初は丁寧な言葉づかいだったけれど，だんだん言葉づかいが乱暴になったり，短くなって，意味がわかりにくくなったりしたということもあるでしょう。
LINE でのトラブルで多いのは，言葉が足りず，相手に誤解を与えることであるということを押さえ，どうしたらよいのか考えさせます。また，送ったのになかなか返信が来ないことからのトラブル，どうやってチャットを終わらせてよいかわからないといったことも紹介し，どのようにすればよいのか考えさせます。

④楽しい気持ちでできるようチャットを行う

対策を話し合ったら，もう一度チャットを行います。相手を変えず，必要に応じて話題を変え，１回目よりも楽しく行えるよう取り組みます。

13 筋道立った考えを書く3つのステップ

対象／低中高

(1) ねらい

自分の考えを筋道立てて書けるようになる。

(2) 活動の進め方

①主張に「理由」をつける

授業の導入で学習課題を設定したら，たいていの場合には，個人追究の時間を取り，学習課題に対する自分の意見をノートに書きます。

ここでどれだけ一人ひとりが自分の意見をしっかりともつことができるかが，その授業での学習の深まりを左右します。

「『ごん，おまいだったのか，いつもくりをくれたのは』という兵十の問いかけに，ぐったりと目をつぶったままうなずいたごんは，どんな気持ちだったのでしょう」という趣旨の学習課題を設定した授業を例に述べます。

「うれしかった」「悲しかった」という自分の意見の「主張」の部分だけノートに書かせるのでは，協働追究で子どもに発言させる際，「なぜそう考えましたか？」「どこから考えましたか？」と切り返す必要が生じます。子どもは改めて理由や根拠を考え出すので，時間がかかります。

そこで，子どもの考えを筋道立てたものにするための３つのステップを紹介します。ステップ１は主張に「わけは…」という理由をつけることです。

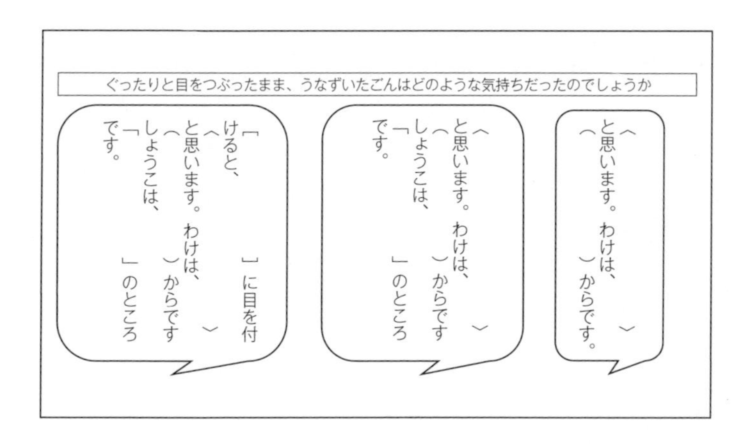

②主張と理由に「根拠」をつける

ステップ2は，さらに「根拠」をつけることです。どこから考えたのかという証拠をあげさせます。

③主張と理由と根拠に「観点」をつける

ステップ3は，どこに着目したのかという観点をつけることです。特に物語では大切なポイントです。4月から取り組み，フォーマットを示し，例を示すなどして，ワンステップずつ取り組み，１学期中にはステップ3まで到達できるようにすると，かなりしっかりと国語の力がつきます。

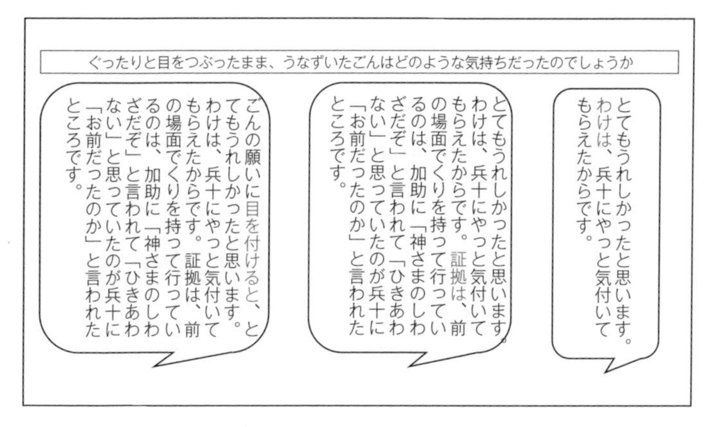

14 ノートの基本トレーニング

対象／低中高

(1) ねらい

毎時間のノートを確実に書けるようになる。

(2) 活動の進め方

①最低限４つのことを書き込ませる

子どもたちが書く活動で，ほとんど毎時間行うことは，ノートを取ることです。ノートには，日付のほか，「めあて」「（個人追究のときにもった）自分の考え」「（協働追究を経て更新された）まとめの考え」「（学習方法と学習課題達成に対する）振り返り」という４つのことを最低限書かせます。

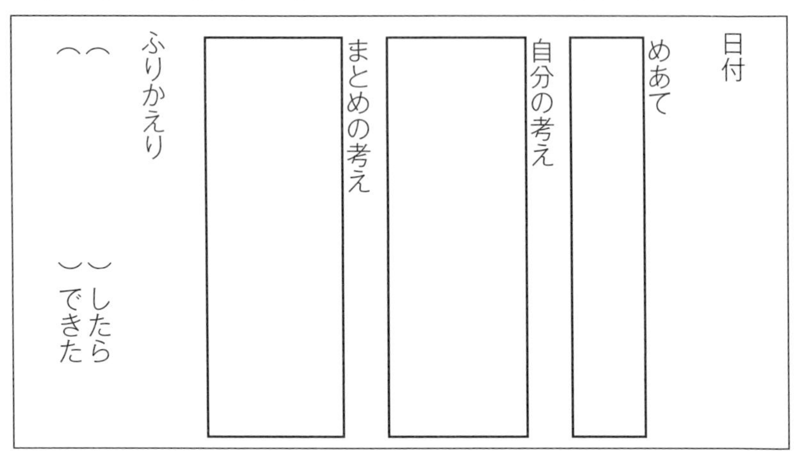

学期のはじめに，これらのことは確実に書けるよう，子どもたちを指導します。このとき，説明するだけでは，子どもたちに定着しません。

大きく４つのことが必要となります。

１つ目は，書く場所の指導です。ノートのどこに書くのか，子どもたちに見本を示して，書く場所を理解させます。

２つ目は，書く時間の確保です。はじめはとにかく時間がかかるので，十分な時間を取ります。

３つ目は，丁寧に書かせる言葉かけです。丁寧に書いてあれば，充実感・満足感につながり，後で見返し，復習しようという気になります。

４つ目は，評価です。正しい場所に書いているか隣同士で確認させることもしますが，はじめは教師が一人ひとりのノートを見て，肯定的な評価をすることが必要です。

②協働追究の内容を書く

最低限必要なことが書けるようになったら，「自分の考え」と「まとめの考え」の間に，協働追究の内容を書いていくようにします。

板書を写す，気になった友だちの意見を書く，教師の説明を書くといったように何を書くのかを具体的に説明して取り組ませせます。

③思ったこと・考えたことを書く

協働追究の内容を書けるようになったら，友だちの発言や，教師の説明に対して自分が思ったことや考えたことを書くように指導します。

友だちの発言を書いたり，教師の説明を書いた脇に吹き出しをつけて思ったことを書いたりするなど，工夫をさせます。思ったことや考えたことをノートに書くことで思考が深まっていきます。

子どもにとって無理のないようにして計画的に指導していくことで，確実に子どものノートを取る腕は上がっていきます。

【著者紹介】

小林　康宏（こばやし　やすひろ）
長野県生まれ。横浜国立大学大学院修了後，長野県内の公立小中学校に勤務。元長野県教育委員会指導主事。現和歌山信愛大学教授。
日本国語教育学会理事。全国大学国語教育学会会員。きのくに国語の会顧問。東京書籍小学校国語教科書「新しい国語」編集委員。東京書籍中学校国語教科書「新しい国語」編集委員。
単著に『中学校国語　文学の発問大全』『中学校国語の板書づくり　アイデアブック』『WHY でわかる　HOW でできる　中学校国語授業アップデート』『大事なことがまるっとわかる　研究主任１年目の教科書』『中学校　国語の授業がもっとうまくなる50の技』『見方・つくり方のすべてがわかる　研究授業パーフェクトガイドブック』『「言葉による見方・考え方」を育てる！　子どもに確かな力がつく授業づくり７の原則×発問＆指示』『基幹学力をつくる音声言語活動』（以上，明治図書），『中学校国語　問題解決学習を実現する「見方・考え方」スイッチ発問』『問題解決型国語学習を成功させる「見方・考え方」スイッチ発問』『小学校国語「見方・考え方」が働く授業デザイン』（以上，東洋館出版社）

小学校国語
「書くこと」の授業づくり　パーフェクトガイド

2022年９月初版第１刷刊　©著　者　小　林　康　宏
発行者　藤　原　光　政
発行所　明治図書出版株式会社
http://www.meijitosho.co.jp
（企画）矢口郁雄（校正）大内奈々子
〒114-0023　東京都北区滝野川7-46-1
振替00160-5-151318　電話03（5907）6701
ご注文窓口　電話03（5907）6668

＊検印省略　組版所　株式会社木元省美堂

Printed in Japan　ISBN978-4-18-341826-5